アンコールワットの仏教寺院、バンテアイ・クデイから出土したブッダ像。護教のシンボルであるナーガ蛇の上に座す。像高125センチ、12世紀後半。後にヒンドゥー教勢力によって、首を切られ打ち壊された。2001年、上智大学アンコール遺跡国際調査隊によって発掘、補修された。

写真／大村次郷

「ひとり坐し、ひとり臥《ふ》し、ひとり歩み、なおざりになることなく、
わが身をととのえて、林のなかでひとり楽しめ。」

（ダンマパダ・二一―三〇五、中村元訳『ブッダの真理のことば　感興のことば』）

ブッダは、なぜ子を捨てたか

山折哲雄
Yamaori Tetsuo

a pilot of wisdom

目次

欲望からの解放／「色即是空」／
父王を殺した王舎城の悲劇／悪人の救済／
聖と俗とのはざまで／ヴァーチャル人間から真実人間へ／
脱人間的存在となったブッダ／インドでの仏教の衰退

第四章 ブッダの教えは、日本へどのように広まったか——141

アジアの周辺の国々へ／旅をする僧たち／
十大弟子に宗派をなぞらえてみる／浄土教の広がり／禅と説法の宗派／
心の浄化がもたらす無私の境地／どこよりも大きな地殻変動——先祖崇拝／
日本で生まれた大乗仏教の形／カミとホトケの習合／
日本における仏教パンテオン／姿をあらわしたカミ、隠されたホトケ／
死んでホトケになる／遺骨信仰へと変化／葬式の形／
ブッダの言葉を文字化した経典／「般若心経」に盛られたエッセンス／

プロローグ

今、私はなぜブッダを書かなければならないのか。

ブッダが、どこにもいないからである。

いくらさがしても見つからないからだ。

その人は、いつも姿を隠している。

いつか宮沢賢治の詩「雨ニモマケズ」を読んでいて、「デクノボー」という言葉にぶつかった。ああ、それがブッダという人の仮の姿かもしれないと思った。ほんの一瞬のことである。

あるときインドの街頭にたたずんで、乞食の群れを見ていた。中の一人が静かに立ちあがり、トボトボ歩いていった。その頼りなげな後ろ姿を見ていて、ふとブッダの化身かもしれないと思った。

そんな他愛のないことをくりかえしている。だからいくらたっても、ブッダの姿がこちらの心にはっきりした形で浮かびあがってはこない。

もしかすると、その人は亡命者だったのかもしれない。家を捨て、ふるさとに別れを告げた寂しい人だったのかもしれない。谷を越え、山を越え、国境を踏み破っていった人なのだろう。だから、いつでも後ろ姿しか見せない含羞《がんしゅう》の人、いくら跡をつけていっても雲を霞と消えてしまう人なのだ。

どこにでもいるようで、どこにもいない人……。そんなことを考えているうちは、ブッダの人生がまだどこか他人ごとめいていて、夢の中で出会っているようなものなのではないか。いわばロマンの中のブッダである。物語の中で楽しんでいるブッダである。

そんなときだ。――ブッダはそんなところにはいない。ブッダはお前の中にいる、お前の中をさがせ。そういう声が聞こえてきた。胸の内をグサッと突く、激しい言葉である。つづけて天地をゆるがすような声で言う。お前はそのことに気がついていない、気がついていないふりをしているだけだ……。

目をつぶれ、お前の中に光り輝くものが見えてくるだろう。呼吸を整えよ、その光り輝くものが、蒸気のようなエネルギーを発してくるのに気がつくだろう。そのとき、勇気が全身にみなぎり、お前はブッダになっている。

ブッダも言っているではないか。

「犀《さい》の角《つの》のようにただ独《ひと》り歩《あゆ》め。」

（スッタニパータ・一―三五、中村元訳『ブッダのことば』）

もう一つ、ブッダを書かなければならない理由がある。

二〇〇五年、という問題である。この年に私はこの文章を書きはじめている。もしかするとこの二〇〇五年（平成十七）は、日本の近代史における記念すべき年になるかもしれない。なにしろこの年になってはじめて、わが国における死亡者数が出生者数を上まわったからだ。死者の数字が誕生者のそれを凌駕《りようが》した。死のイメージが生のイメージの上位に進出した年、といってもいいだろう。

厚生労働省がこの年の暮に公表した人口動態統計の年間推計なるものの中で、国内の日本人は、二〇〇五年の一年間に一〇六万七〇〇〇人が生まれ、一〇七万七〇〇〇人が亡くなっている、といっている。一万人の自然減、というわけだ。それが二〇〇五年に発生したことであり、私が今回、ブッダについて書きはじめた年のことなのである。

わが国の出生者数は、一八九九年（明治三十二）の統計開始以来、敗戦の年一九四五年（昭和二十）を除けば、常に死亡者数を上まわってきた。その間、人口が増えつづけたということである。とすると、この過去百年間の人口増の推移が、二〇〇五年になって大逆転したということになるだろう。そしてこの傾向は、これからもさらに加速をつけてつづいていきそうな気配である。なぜならその背景には、少子高齢化という時代の大波が打ちよせているからだ。

死者が出生者を上まわる現象と、少子高齢化の現象を重ねあわせて周囲に目をやると、いったい何が見えてくるか。

それは人さまざまで、いろいろな予兆や変化のきざしを嗅《か》ぎわけることができるだろう。だが私の問題としていえば、少々過激ないい方にはなるけれども、いよいよ「親捨て子捨ての時代」がやってきたのか、という思いをつよくする。

今日、社会に出て、結婚しようとする若い世代の者たちは、われわれの豊かな社会の中で、子育てという仕事がいかに厄介で難儀なものであるかを知りはじめている。子育てのための配慮、心労、努力、そして犠牲が並大抵のものでないことを肌身に感じさせられている。それが結婚をためらわせ、非婚のイデオロギーを蔓延させてきた。離婚への圧力を強めてもきた。結婚前、結婚後、離婚の全過程を通じて、そこに潜在しつづける心情が、子どもをつくるまい、子どもから自由でありたい、子どもにわずらわされたくない、という「子捨て」の思想だった。

こうして子どもというのは、大人たち、親たちにとって、ほとんど自分たちの欲望を映しだす鏡のような存在になっているのである。

もしもそうであるとすると、このような結婚をためらう若い層の陣営は、中高年世代の動向をどのように見ているのであろうか。

確かなことはわからない。ただ、この少子化の大状況の中で、少数派を形成する若年層は、増大しつづける高齢者群の面倒などとても見られるものではないと、うすうす感じはじめているのではないだろうか。自分たちが働く金でどれだけの高齢者世代を養うことができるのか、肩にずっしりかかる負担に、あえぐような気分を味わっているはずだ。親孝行をしたくとも、もはや事情がそれを許さない。親たちの運命は、社会的介護のシステムにまかせるより仕方がない。それも財政的に行きづまれば、放置するほかはない……。「親捨て」の時代が、足音をたててやってきているのである。

しかし、よく考えてみよう。親捨て子捨ての現象はもちろん今日はじめてあらわれたものではない。歴史のいろいろな場面で常に発生していた現象ではないか。人類にとって避けて通ることのできない普遍的な問題であった、とさえ思う。

そのように考えるとき、親捨て子捨ての運命をもっとも深刻な形で引きうけようとしたのが、歴史に登場する多くの宗教者たちだったということに思いが及ぶ。なぜなら彼らの生涯における「出家」という事態こそ、まさに親捨て子捨ての物語を引きおこさずにはいられない行動の原点だったと思うからだ。ブッダやイエス、そしてその弟子たちの人生を探っていくと、それは一目瞭然《りょうぜん》ではないか。それぞれの人生の物語からは、数えきれない親捨て子捨ての悲劇をかいまみることができるのである。

彼らは家を出て、家族をもたず、家族から離れて人びとの中へ入っていく。そのとき彼らはすでに親や子を捨て、そして親や子は捨てられている。

だが、もしもそうであるとすると、ブッダやイエスは家を出ることで、実際に何を捨て、そして何を得ようとしたのか。

私が今、問題にしたいのは、究極的には出家者、中でもブッダが、その親捨て子捨ての悲劇からどのように自己を、そして他者をも救済したかということである。ブッダが乗り越えていった人間的な苦難の道程《みちのり》とはいったい何であったのか。それをあらためて掘りおこし、見直し、その全体的な展望を明らかにしてみたい。それは、このわれわれを取りまく悲劇的状況から脱出する手立てを示してくれるかもしれない。

教団という枠組みの中で伝説化され、神話化されてきたブッダの人生のプロセスが、その原点にたちもどって検討されるべき時がやってきたといってもいいだろう。


「こころをとどめている人々は努めはげむ。

かれらは住居を楽しまない。

白鳥が池を立ち去るように、

かれらはあの家、この家を捨てる。」

（ダンマパダ・七―九一、中村元訳『ブッダの真理のことば　感興のことば』）

それにしても、そもそもブッダとは何者か。

彼は、いつ、どのようにして出家をしたのか。出家とは、本当に子を捨て親を捨てることだったのか。ブッダが仏教の開祖としての地歩を固めたとき、その子どもはどのような運命をたどっていたのか。まず、ブッダの人生がどういうものであったか、その足跡をたどってみなければならない。

しかし今、ブッダの人生を追跡するといったけれども、実をいうとそのことは、ほとんど同時に、ブッダの教えの歴史、すなわち仏教の歴史の全過程を眼底に収めることでもあると私は思っている。その意味では、ブッダの人生を追うことは、そのまま仏教の歴史を追究することとほとんど同じ行為でなければならないわけである。

だが、そんなことが、はたして私にできるのか、はなはだ心もとないかぎりだ。しかし、そもそもブッダの人生の影がささないような仏教の歴史に、いったいどんな意味があるというのか。ブッダの人生の息吹きが感じられないような、そんな仏教の歴史に、いったいどんな価値があるのだろうか。

ブッダは、紀元前五世紀ごろに歴史に登場した。そのブッダがこの世を去ってから、すでに二千五百年がたっている。その間に、ブッダの教えは世界に広がった。仏教が時代を超え、地域を越えて、押しも押されもしない存在感のある歴史になったのだ。しかし今日、この歴史になった仏教は、はたしてブッダの人生をいきいきと映しだしているであろうか。とくに、それが日本に伝えられ、独自の日本仏教ともいうべき宗教に変容したとき、ブッダの姿はその中に本当に生きつづけてきたといえるのだろうか。

残念ながら、私はそうは思っていないのである。

それどころか、私の目には、ブッダの人生と仏教の歴史が対立したり、分裂したりする光景がきわだって見える。ブッダの人生から遊離した仏教の歴史、ブッダの生死を踏み台にしただけの仏教の歴史が蓄積され、そのあれこれの破片や断片が、あまりにも無造作に積みかさねられてきたようにも見える。

たとえば伽藍《がらん》仏教の興亡、宗派対立や宗派分裂の抗争、そして宗教戦争の原因になったり、それにまきこまれたりした有為転変の歴史……。

中にはこのような歴史のプロセスを単に合理的に解釈して、ブッダの思想の普遍化という美名のもとに記述しようとする試みがないではない。しかしその結果、ブッダの人生のひとこまひとこまが、無味乾燥な形で断片化され、抽象化されることにもなった。

もう一つ、忘れてならないことがある。

ブッダの人生を考えるとき、人生の真っ只中で苦悩しつづけるシャカ（悟りを開く以前のブッダ）の視点を中心におくということだ。それが基本的な態度でなければならない。悟ってからのブッダの視点はひとまず棚にあげ、悟る以前の未熟なシャカの姿を注視しなければならない。悟り（覚り）を開いた者＝覚者《かくしゃ》ブッダではなく、悩めるシャカの視点に立つことだ。

この原点を見失うとき、ブッダの人生はたちまち生気を失い、形骸化するにちがいない。そのとき、おそらく仏教の歴史もいつのまにか、「普遍化」という名の観念の罠に落ちこんで、魅力を喪失するはずだ。

かといって私は、このブッダの論を、悟りを開く以前のシャカ、悟りを開いたあとのブッダ、という単純な二元的構図のもとに描きだそうとしているわけではない。悟りを開いたあとのブッダが、それ以前の人間的苦悩を抱えたシャカの世界から完全に脱却したなどとはどうてい考えられないからだ。覚者になったあとのブッダも、ときに、苦行時代のシャカ、またそれ以前の若い時代のシッダールタの悲しみや怒りをふと思いおこす時間をもつことがあったにちがいない。

ブッダはシャカである。そしてまた、シャカはブッダである。その関係を仏教の歴史の中にどのように投影していくか。ブッダとシャカのそのような二つの映像とともに二人三脚の旅をはじめようと思っている私の、それが最後の目標である。

あえてキリスト教の用語を借りていえば、ブッダその人を、仏教の歴史の中に「再臨」させてみようという試みである。

そのブッダが、死(涅槃《ねはん》)を前にして、つぎのようなことを言っている。

「アーナンダよ。今でも、またわたしの死後にでも、誰でも自らを島とし、自らをたよりとし、他人をたよりとせず、法を島とし、法をよりどころとし、他のものをよりどころとしないでいる人々がいるならば、かれらはわが修行僧として最高の境地にあるであろう。」

（大パリニッバーナ経・二―二六、中村元訳『ブッダ最後の旅』）

なお、ことわっておかなければならないことがある。本書は、仏教の開祖ブッダその人を描くことを目的としている。その場合、ブッダの名をどのように表記するかは、重要な問題である。私はシャカという呼び名とブッダという名前を区別して用いていきたい。なぜなら悟りを開く以前をシャカ（釈迦、もしくは釈迦牟尼《むに》）、それに対して悟りを開いたのちの時期をブッダ（仏、仏陀）の時代と考えたからである。それが大前提であるが、さらに、青少年時代のシャカをシッダールタ（悉達多《しつだつた》）と呼ぶことにしようと思う。したがって、誕生してから結婚し家を出る前後の時期までがシッダールタ、そのあと家を出てブダガヤで悟りを開くまでの時期がシャカ、悟りを開いて以後をブッダと称することにする。

つまり、本書で私は、シッダールタ→シャカ→ブッダという、たぐいまれな人間の転身の物語の中に、ブッダの本質、仏教の精髄を探りあてようと思っているのである。

第一章　ブッダは、なぜ家を出たのか

「家出」にはじまる

さて、どこからはじめるか。

ブッダの人生を考えようとするとき、どこから出発するか。人によって、とらえ方はそれぞれ違うだろう。だが私は、それを考えるための原点となる事件が、やはりブッダその人の「家出」であったと思う。なぜ彼は家を出たのか。そこに焦点をしぼりこむ、ということだ。

ふつうブッダの「家出」はこれまで「出家」といわれてきた。世の無常をはかなみ、家族を捨てて、遍歴修行の旅に出た。たった一人で悟りへの道を歩きはじめた。――そのようなブッダの決断と生き方を称して「出家」といってきたのである。「在家」の生活を捨てて「出家」の生活に突入したのだ、と解釈してきたわけである。

しかし私は、それはそうではない、その本来の意味は「家出」だったのではないかと思う。なぜならその段階におけるブッダは、「在家」の生活に疑問をもっていたではあろうけれども、しかし本来の「出家者」としての生き方をまだつかんではいなかったからである。「出家者」の道に向かって第一歩を踏みだしたばかりだったからだ。ブッダはまだブッダになってはいなかったということだ。

それでは、ブッダはなぜ「家出」をしたのか。「出家」ではない、「家出」をしたのか。そこのところが明確にならなければ、ブッダその人のその後の行動を解きあかすことはできない。覚者ブッダの出現も、仏教の誕生もなかったことになるだろう。

当たり前の話である。しかしこの当たり前のことが、これまで必ずしも当たり前のこととして十分に論じられることがなかった。われわれの眼前にあるのは、すでに「仏伝」の形で理想化されたブッダの姿であり、その足跡であった。

換言すれば、後代の弟子たちがつくりあげてきた、「わが仏尊《ほとけとうと》し」のイメージである。「出家」は必ずしも、悩みのうちにあった青年が家を出る行動を意味するものではなかったのである。それでは、ブッダの人生の重要な出発点を十分に説明することにはならないのではないか。私は年来、そう思いつづけてきた。

そう思いつづけてきたことには、もちろんそれなりの理由があった。青年シッダールタの「家出」には、解きがたい謎が壁のように前方に立ちはだかっていたからだ。それはほとんどわれわれの合理的思考を拒絶するような不思議な光を放って、行く手をさえぎっていたからである。

しかしここでは、その問題にただちに入っていく前に、まずはブッダになる以前の、シャカにおける「家出」前後の状況を簡単にみておくことにしよう。

理想の人生

彼は、北インドのシャカ族出身の王子で、シッダールタ（悉達多《しつだつた》）、シッダールタ太子と呼ばれていた。

当時のインドで大きな力をもっていたのが、ヒンドゥー教であった。すでに階級の差が厳しく決められていて、それに応じた生活規範や義務が定められていた。その中の一つに、人生のあり方を四つのステージに分ける「四住期《しじゅうき》」という考え方があった。人間はその四つのステージを順次にたどっていってこの世を終えることができれば、それが本当の理想の人生だ、という思想である。

この考え方は、非常に古い時代からインドでは説かれていた。前千五百年ころに西方からアーリア民族の侵入がはじまり、やがて貴族的なブラーミン（＝バラモン。司祭者・学者）階層が形成されるころから主張されるようになり、ヒンドゥーの教えの根幹をなすようになった。当時のシャカ族も、そしてシッダールタも、そのような宗教観や人生観の支配下にあったことはいうまでもないのである。

ところで、その四住期とは何か。ここではまずその概略を述べておくことにしよう。

第一の住期を「学生期《がくしょうき》」といい、師について勉学に励み、禁欲の生活を送る。第二の住期は「家住期《かじゅうき》」と称する。この時期は結婚し、子どもをつくり、神々を祀《まつ》って家の職業に従事する。

右の二つの人生ステージを経て、つぎに第三の住期、すなわち「林住期《りんじゅうき》」の段階がくる。これは妻子を養い、家の職業も安定した段階で、家長が一時的に家を出て、これまでやろうとして果たすことのできなかった夢を実行に移そうとする人生ステージである。

第四の住期、それが最後に到達すべき「遊行期《ゆぎょうき》」である。「遁世期《とんせいき》」ともいう。百人に一人、千人に一人、ほんの一握りの人間だけが入っていく「住期」である。そしてこの第四ステージに入った者は、もはや家族のもとにはもどらない。自分を育んでくれたかつての共同体には引きかえさない。

たった一人で遊行者の生活を送るのである。「聖者への道」といっていいだろう。なぜなら、それ以後の彼の生活は、道往く人びととの出会いの中で、魂のふれあいを重視するようになるからだ。「魂の看取《みと》り」という仕事である。そしてそのような遍歴遊行者の群れの中から、ブッダ＝覚者のような人間たちが誕生することになる。

本書でとりあげるブッダは、そのような遍歴する覚者たちの一人であったと考えることができる。その意味においてブッダの「家出」は、今述べたヒンドゥー教の「四住期」の人生観と深いかかわりがあり、それにあてはめると、第三の「林住期」に相当することになるだろう。さきにブッダの「出家」は、悟りをめざして家を捨てる、家を出るという行為だったのではないか、といったのもそのためである。「仏伝」でいう「出家」を、「四住期」説にあらわれる第三の「林住期」と重ねあわせて考えてみたいのである。

誕生した子、ラーフラを捨てて

年代記的な枠組みだけをいえば、シャカは十六歳のとき（一説に十九歳）ヤソーダラー

（耶輸陀羅《やしゅだら》）と結婚したといわれる。ヤソーダラーの出自については、はっきりしたことはわからない。ただこの時期のシャカが、シッダールタという名をもっていたことは確かである。青年シャカの名前である。その後、二十九歳になって「家を出て」いる。もっとも、結婚のときと家を出たときの年齢は、諸伝で必ずしも一致をみてはいない。だが、そのこと自体は、当面重要な問題ではない。

事柄がややこしくなるのは、その結婚と家出のあいだに、二人から生まれたラーフラ（羅睺羅《らごら》）という子どもの存在をおいてみるときだ。そして、その前後のプロセスをあらためて再構成してみようとするときである。そのとき、にわかには解きがたい謎がつぎからつぎへと発生する。

なぜなら、まず伝承の一つによれば、シッダールタは、「ラーフラが誕生したその夜に家を出た」とされているからである。この伝承にはもう一つバリエーションがあって、それによると、ラーフラ誕生の七日後になってシッダールタは家を出た、という話になっている。

だが、誕生当日の夜か、それとも七日後になってからか、というそのこと自体は、おそらく本質的な事柄ではないだろう。どちらの場合であっても、息子の誕生を契機に家を出たという事実には変わりがないからだ。

いったいシッダールタは、どうして息子が出生したのと同時に家を出たのか。どうしてわれわれの常識を根底からくつがえすような行動に出たのか。

このときのシッダールタの行動を四住期説にもとづいていえば、第三の「林住期」に入ろうとしたのだ、と解釈することができないわけではない。しかし「仏伝」に語られているシッダールタの家出の切迫した緊張感からすれば、それではあまりにも図式的な解釈になってしまう。枠組みとしては一応第三ステージとしてとらえることができるけれども、しかし内面を探っていけば、シッダールタに固有の決意が秘められていたかもしれないからだ。

妻と生まれたばかりの子どもを捨てて家を出たシッダールタの行動には、のちの仏教の発展を考える場合にも欠かせない、深い内面的な動機があったと考えるほうがむしろ自然ではないだろうか。

しかしそれにしても、ブッダの人生を語る伝承の中に、いったいどうしてそのような物語が紡ぎだされることになったのか。ブッダの運命がやがて仏教の運命とともに語りつたえられるようになったことを考えるとき、そのことをどのように受けとめたらいいのだろうか。

ラーフラ、出生の秘密

さらに驚くべきことに、このシッダールタの家出とラーフラの誕生には、もう一つの不可解至極な話が語りつたえられている。簡潔にいうと、ラーフラの誕生は、シッダールタの家出後とする説である。シッダールタが家出をする夜に息子のラーフラが妻のヤソーダラーの胎に入り、その後シャカが六年間の苦行時代を経て悟りを開いたときになって、その夜、ラーフラが誕生したというものだ。受胎のときから誕生まで六年の時間が経過した、というわけである。

ほとんど信じがたい話ではないか。荒唐《こうとう》無稽《むけい》というほかはない。だがそれならば、このような出生の秘話がまことしやかに語りつたえられ、経典の上に記述されてきたという事実を、いったい何と見るか。ブッダの人生を解いていくうえで、最大の難所がそこに横たわっていると私は思っているのである。単なる荒唐無稽の伝説として退けるには、あまりにも生々しい語り口がそこから漂ってくるからだ。

ラーフラ出生の秘密である。ラーフラの出生とシッダールタの家出をめぐる謎である。その謎と秘密をめぐって、このように二つの不可解な物語がまつわりついていたのである。

一つは、シッダールタがラーフラの誕生と同時に家を出たという話。もう一つが、ラーフラはシッダールタが家を出て六年後の成道《じょうどう》を経て生まれたというもの。前者の伝承は、南方上座部《じょうざぶ》仏教の『ジャータカ（本生経《ほんじょうきょう》）』文献（ブッダの前生を説く物語で、パーリ語で書かれている）の中で語られてきた。だからこれを、南方系の伝承と呼ぶことにしよう。

ちなみに上座部の「上座」というのは長老のことである。ブッダの死後、その遺志をつぐ者たちが長老を中心に教団をつくった。その流れはのちにスリランカに伝えられ、東南アジア方面に広がっていった。それを南方系の上座部仏教といって、北方経由で伝わった仏教の流れと区別していうようになったのである。

その南方系の伝承に対して後者の伝承は、中央アジアや中国経由で伝えられた北方仏教の流れから生まれた。すなわち『根本説一切有部毘奈耶破僧事《こんぽんせついっさいうぶびなやはそうじ》』や『雑宝蔵経《ぞうほうぞうきょう》』などのテキストに伝えられている話である。

シッダールタ、決断の理由

それではまず、前者の南方系の誕生物語は、いったい何を伝えようとしているのか。息子の誕生と同時に家を出た父シッダールタの問題である。妻ヤソーダラーの妊娠と出産に立ちあってから家を立ちさった、という行動についてだ。

家を出るか、とどまるか、その迷いの中に彼はいたのだろう。この迷いの気持は、普通に考えれば、心ならずも犯してしまった自分の行為に対する後悔と反省の中から出てきたものだったかもしれない。彼の胸の内には、かなり以前から、青春期の理想のようなものが芽生え、それがしだいに成長していた。その理想を実現するためには、今をおいてほかにはない、今を逃すとその機会はふたたび訪れることはない——そういう怖れが胸中にきざし、それが最後の決断へと彼を駆りたてたのかもしれない。

性愛に没頭していた生活に対する自己嫌悪、といってもいい。その結果として罪の子が誕生した。それが彼の意識を苦しめ、その前途を脅かすことになった、という物語の筋書きである。愛欲こそ苦の根本原因、という哲学がしだいに説かれるようになっていたということだ。そのことを思えば、右のような筋書きができあがっていくプロセスも、ある程度は納得できる。

「四門出遊」という美しい物語

また、周知のようにブッダの「家出」伝承には、「四門出遊《しもんしゅつゆう》」の物語がほとんど一対のものとして語られてきた。人間は生《しょう》・老・病・死の四つの苦しみからいかに自己を解放することができるか、というテーマにもとづく物語だ。

若き青年シッダールタが、あるとき宮殿の東の城門から出て老人に会い、さらに南の城門から出て病人に会った。同じようにして西門から出て死人に会い、北門から出て出家者に会った。

朝から夜まで欲望が渦巻く宮殿の外側に出てみて、はじめて正視するに耐え得ないような、いとうべき悲惨な老・病・死の生活がこの世にはある、ということを知る。

そしてそのような老・病・死の苦の世界から脱出して、遁世者の生き方を選びとる人間がいる、ということに気づく。

　ブッダのその後の運命と切っても切りはなすことのできない、さまざまな暗示にみちた物語とされてきたものだ。

　それは確かにそうなのではあるが、しかし本当のことをいえば、このときシッダールタはまだ人生のほんのとば口に立っているだけだった。生・老・病・死の深い意味については、ほとんど気づいてはいなかったはずである。彼はそのとき、老人と病人と死人を単に見たにすぎなかったのではないか。気づいたというより、見たにすぎない、そういう人生のステージに立っていたのだと思う。

　これにつけくわえていえば、そのときシッダールタは同時に、老・病・死の世界から離脱しようとして一人歩いていく出家者の背中も見ていた。そしてその背中のイメージが、彼の心を強く惹《ひ》きつけたのであろう。しかしながら、彼が生・老・病・死の四つの苦しみの意味を真に発見し体得するのは、じつをいうと、この家出の事件からさらに六年たってからのことだったのである。

　そのように考えると、シッダールタが息子の誕生とともに家出を決意したとき、彼の気持は、むしろ新しく誕生した息子の存在それ自体に向けられていたような気がする。もしもこのまま時を過ごせば、このまま時を逸すれば、自分も、妻と子どもとともに世俗の中にとりのこされてしまう――そのようなエゴイスティックな焦りと迷いの中にいたのではないか。

無責任といえば、これ以上ない無責任な態度である。妻の立場、息子の立場になってみようとしない、自己中心的な態度である。それは、さきにふれた「四門出遊」の物語とは似ても似つかぬ、迷いと懐疑にみたされた内心のドラマであったというほかはないであろう。

今、前方には、自分のやらなければならないことが横たわっている。その一時の輝きのようなイメージが、彼の自己中心的なエゴイズムの輪郭を甘く包みこんでいる。欲望からの解放などではない。欲望にまつわるわずらわしさからの一時的な逃避願望が、いつのまにか肥大化していた。そのことに、このときのシッダールタはおそらくまだ気づいてはいない……。

息子ラーフラの誕生を聞かされたとき、彼の立たされていた場所がそういうところだったのではないか、と私は思う。妻の妊娠、出産のそばにいて考えつづけ、迷いつづけていたシッダールタの心の光景である。そのとき、「四門出遊」に語られているような人生の根本問題は、まだまださきの話であったはずだ。

六年間胎内にいたという伝説

それでは、シッダールタの家出にかかわるもう一つの伝承についてはどう考えたらよいのか。家出のあと六年を経てラーフラが出生したという話だ。悟りを開いたあと、すなわち成道後になって誕生したという伝承である。

北方に伝わった仏教の流れの中で、どうしてそんな話が考えだされたのか。単なる興味本位の思いつきだったのか。おそらく、そうではなかったであろう。

第一に考えられることは、家出をしたシッダールタは、その後もたびたび妻ヤソーダラーと会い、性の交わりを結んでいたのではないかということだ。現実的に単純に想像すれば、そうとしか考えられない。生理的にもそれ以外の可能性はないだろう。ところが伝承を見れば、作者たちはむしろそのような可能性を打ち消そうとしている。それとは反対に、シッダールタ家出のあと、ヤソーダラーの身に不倫の疑いをかける方向へと話が展開しているからである。

この不倫の疑いに対して、弁明する妻ヤソーダラーが登場する。

「この子は、本当に、夫シッダールタ＝シャカの子なのです。シャカが家出した夜に息子ラーフラが私の胎に入ったからです。そしてその後六年の彼の苦行時代がつづき、成道した夜になってからラーフラが生まれたのです」

これは『雑宝蔵経』に出てくる話であるが、驚くべき弁明というほかはない。ラーフラをお腹の中に六年間、妊娠したままの状態だったというのである。

そう主張することで、ヤソーダラーは自分にかけられた不倫の疑いを打ち消そうとしている。それだけではない。そのように弁明することで、家出後、自分と夫シャカとのあいだに性の交わりがあったという可能性をも同時に否定しようとしている。

しかし、どうだろう。この話はやはり、ラーフラがはたしてシャカの実子であったのかどうか——そういう疑惑をめぐる問題のようにもみえる。その場合はむろん、妻の不倫問題のほうに比重がかかる。だが見方によっては、家出後のシャカがたびたび妻ヤソーダラーに会っていたことを暗に匂わせる話のようにも解釈できる。その場合は、シャカの家出（＝修行）がまだ不徹底なものであったことがほのめかされていることになるだろう。

いずれにしろこの伝承は、この時期における夫（シャカ）と妻（ヤソーダラー）の関係が、きわめて不安定なものであったことを示している、と私は思う。一見、不可解にみえる伝承の背後から浮かびあがってくる、現実的な男と女の関係といっていいだろう。その意味においてこの場面は、単に不可解な話と受けとってこと足れりとするわけにはいかないのである。

聖なる子か不義の子か

ふと、頭の中をよぎるものがある。もしかすると、シャカの成道を、妻の受胎の時点からできるかぎり引きはなそうとする意図がそこにはたらいていたためではないか――。性交・受胎という生理的な記憶から、シャカの成道という脱世俗的な行動を切りはなし、救出しようという苦肉の策である。

そのように解釈してよいとすれば、この伝承は、キリスト教における処女（マリア）懐胎の物語にも通ずるエピソードのようにみえてくる。イエス・キリストが、神と母の霊的な交わりによって誕生した、という奇蹟物語である。その語り口を転用していえば、ラーフラはシャカの六年間の修行という洗礼を経て、両親の性交の記憶を消失させることでこの世にあらわれたのだ、ということになる。そう考えれば、これは不完全な処女懐胎の話になる。

「シャカが出家（＝家出）する夜、ラーフラが夫人の胎内に入った」

という語り口は、

「神の告知によって、聖霊がマリアの胎内に入ってイエスを身ごもらせた」

とするイエス誕生の伝承と似ているではないか。聖霊がマリアの胎内に潜入したように、出家したシャカの霊体が夫人の胎内に入ったといっているようだ。

イエスの「父」は聖霊であって、夫ヨゼフではない。同じようにラーフラの「父」は出家し成道したブッダであって、家出前のシッダールタではない……。ほとんど論理的な筋道を放り出した言いのがれとしか思えないのであるが。

ただ、もしもこのように北方仏教においてこの話が語られていたとすれば、この北伝の仏教は、シャカを理想化する傾向をもつようになっていたということになるかもしれない。南方仏教の現実路線に対して、北方仏教の聖化路線といえるだろう。そしてさらに想像を加えれば、北方仏教はその後、大乗仏教の重要な母胎になったのであるから、大衆化を目指す大乗的思想の洗礼によるものだったのかもしれない。ちなみに「大乗」とは大きな乗り物を意味する。すべての人間の救済をめざす宗教ということである。

ここでもう一つつけくわえると、ラーフラが不義の子と疑われたのは、その後仏弟子となった彼の教団の中での地位が、きわめて危うかったことと関係があるかもしれない。それが出生にまつわる伝承の形成に反映していたのではないか。彼はもしかすると、父と似ても似つかぬ行動をとる息子だったのかもしれない。

このように考えてくると、問題の本質は、むしろシャカが家出をしてから悟りを開くまでの「六年間」の内容にあったのではないか。この「六年間」がいったいどのような修行期間であったのか、どのような放浪遍歴の時だったのか、ということだ。

「林住期」という自由な時間

これまでの通常の「仏伝」によると、それは成道前六年の苦行時代ということになっている。しかしその「苦行」の具体的な内容がどのようなものだったのか。このような問いは、もしかするとラーフラ誕生にまつわる不可思議な周辺物語を考えていくうえでも、重要な鍵となるものではないだろうか。

「成道前六年」の問題ということになれば、「四住期」のうちの第三の「林住期」が主題になることはいうまでもないだろう。

くりかえしていえば、「林住期」とは、自由な時間と生活を求めての、一時的な家出を意味していた。自由な時間と生活といえば聞こえはいいが、一時的にではあっても、妻子を家においたまま旅に出ていくのであるから、ずいぶんと自分勝手な行動である。が、ともかく一人で遍歴の旅に出て、林に入って瞑想《めいそう》してもいい。村の道や辻で、辻音楽師のようなことをやってもいい。今日いうところのストリート・パフォーマーだ。旅の途中で、聖地や霊場をめぐる巡礼の生活を楽しむこともできる。宗教や芸術・芸能の仲間たちに身を投じて、いつ果てるともない議論と交遊の輪に入っていく。

しかしやがて、そのような旅の生活にも終止符をうたなければならないときがくる。路銀が尽き、身心の疲労も重なってくるだろう。ある程度、自由の時間を楽しんだという満足感も得たことだ。それで自分の生まれた故郷に帰ってくる。家族のいる家にもどってくる。脱世俗の自由を一時的に楽しみ、ふたたび世俗の世界に帰ってくる。このような生き方を人生の第三ステージ「林住期」と呼んだのである。

しかし、普通の人間が行けるところは、せいぜいそこまで、「林住期」どまりである。「林住期」を楽しむだけ楽しんで、身心をリフレッシュさせたあと、もとの生活にもどっていく。ところがそのような者たちの中で、さきにもいったように、ほんの少数派であるが、もうもとの古巣にはもどるまいと決意する人間があらわれる。

ほとんどの「林住期」経験者はもとの世界にもどっていくのに対して、ほんのひと握りの者だけがつぎの第四ステージ「遊行期」に入っていく。たった一人で遊行者の生活を送るようになる。

その遊行者の群れの中から、古くはブッダ=覚者のような人間が誕生したのである。ブッダ＝仏陀とはもともと悟れる者を意味した。その悟れる者たちの中から仏教の開祖となるブッダその人が現われたのである。一般にゴータマ・ブッダと称される人物がそれで、ゴータマとはシャカ族の貴族の姓である。

ブッダの人生を展望するとき、私の目に、それが右の四住期を具体化した人生モデルのように見えてくる。青年期のシッダールタ、家出後のシャカ、そして成道後のブッダ、という人生行路が、四住期の各ステージをとぼとぼ歩いていく人間の姿に重なって見えてくるのである。

シャカの六年間の苦行とは

こうして第三の「林住期」の問題が、私の心をとらえて離さなくなったのである。家族を捨てて家出をしたシャカが、ブダガヤで悟りを開くまでの六年間のさ迷える人生ステージである。それが眼前に大きく立ちはだかってきた。家を出るには出たけれども、いまだ悟りを開くにはいたっていない段階のシャカの姿である。

「林住期」の中で行きつもどりつしているシャカが、そこにいる。一方で、「林住期」という自由な時間を享受しながら、しかし心から楽しめないでいる人間が、ふと顔をのぞかせる。それがときに悩みと焦りの種になる。夜も眠ることのできない苦しみへと反転する。そのようなとき、おそらくつぎの第四ステージ、聖者への道が眼前にちらついている。しかしその道を、自信をもって歩いていくことも決断できない。

この迷いの中にいる時期、彼はときどき妻や子どもの顔を見るために家に、こっそりもどっていたのかもしれない。一日二日、あるいは数日を家族とともに過ごし、ふたたび放浪の旅に出ていく。心を鬼にして、しかし後ろ髪を引かれるようにして、家を出ていく。それのくりかえしだったのではないだろうか。

第二ステージの「家住期」の生活にもどるべきか。それともつぎの第四ステージの「遊行期」に進んでいくべきか。その中間のところで立ちどまり、考えあぐねて、挫折と決断をくりかえしている、悩める人間シャカが見えてくるのである。

それが、シャカにおける放浪期「六年」の意味だったのではないかと私は思う。「林住期・成道前六年」といってもいい。「成道前六年」の修行ということの真の意味だったのではないかと思うのである。意を決して妻子のもとにもどれば、ふたたび在家の生活がはじまる。しかしつぎの第四ステージにつきすすめば、出家の生活がスタートする。そのどちらの道を選ぶか。それが、「林住期」という岐路に立つシャカの、偽らざる姿だったのではないだろうか。

もしかすると「林住期」問題というのは、シャカにおける家出と出家という二つの焦点、すなわちその二つの行動を統一的に考えていくうえできわめて重要な意味をもつテーマであるのかもしれない。私はしだいに、そう思うようになった。家出と出家のあいだをさ迷い歩いていたシャカの人生がみえてきたのである。

家出がもたらした子捨て親捨て

そしてこの家出と出家のあいだをさ迷い歩くシャカのイメージを前面に掲げたとき、眼前に、「子捨て親捨て」のドラマが静かに立ちあがってくることに私は気がついた。シャカの家出という事件の中核にはらまれていたであろう子捨て親捨ての問題である。もしかすると、シャカの苦悩の根元はそこにあったのかもしれない。

シャカによる息子ラーフラの放棄、その必然的な結果としてのラーフラによる父シャカに対する呪い、という悲劇がそこにはらまれていたのではないだろうか。「林住期」という人生ステージに用意されていた、心を酔わせるような自由と、そのためにわが身に引きうけなければならない毒の刺激、良心を苛《さいな》む苦しみである。

ちなみにここでいう「親捨て」は、実際問題としていえば、家出を決行することによって父王の城を捨てたのであるから、肉親の父スッドーダナ（浄飯王《じょうぼんのう》）を捨てたということだろう。マーヤー夫人なきあと、養育にあたってくれた継母マハーパジャーパティー（摩《ま》訶《か》波《は》闍《じゃ》波《は》提《だい》）を捨てたということだろう。

しかしそれはもしかすると、血縁のわずらわしさそのものからの脱出、という意味をもっていたのかもしれない。血縁という名の権威の頂点に立っていたのが、当時の社会においては「家長」という存在だったからである。そしてさらに想像を重ねれば、そのときシャカはシャカ族という出身階層からの離脱、という気持をもっていたとも考えられる。その後に発展する仏教の救済の歴史には、こうした脱血縁の思想が色濃く流れているからである。

これは他人ごとではない。――私の心の奥底から響いてきた声である。その声がしだいに私を脅かしはじめた。

その声を発しているのは誰か。シャカ自身かもしれない。ブッダのつぶやきかもしれない。それが聞こえてくる以上、これからは、その声に導かれて進んでいくほかはない。さきへ進んでいくとして、それではいったいどこにたどりつけるというのか。それは今の段階では、私にもまだわからない。まず、その道筋をブッダに聞いてみることからはじめなければならないのだろう。

ブッダよ、あなたは、その困難な問題にどのように立ちむかっていったのか。

ブッダの教え、すなわち仏教は、この問題をいったいどのように解決しようとしたのか。

それが、つぎの課題である。

〔尊師いわく、――〕
「他人に食を乞うからとて、それだけではビク（托鉢僧《たくはつそう》）なのではない。
毒となるきまりを身に受けている限りは、その人はビクではない。
この世の福楽も罪悪も捨て去って、清らかな行いを修め、よく思慮して世に処していいるならば、かれこそビクと呼ばれる。」
（サンユッタ・ニカーヤ・第七篇第二章、中村元訳『ブッダ　悪魔との対話』）

第二章　ブッダは、なぜ子を捨てたか

シャカも、捨て子同然であった

これまで私はブッダの家出について語ってきた。厳密にいえばシッダールタ＝シャカの家出である。この家出は、一方的に妻を捨て息子を捨てることを意味していた。彼は妻子を置き去りにして家を出ていった。ヤソーダラーを捨て、ラーフラを捨てたのである。なぜそんな無法なことをしたのか。無慈悲な行為に出たのか。彼はいったい何を望んでいたのか。それらの問題について、これまで考えてきたのである。

なぜ、シッダールタは息子を捨てたのか。そしてこのシッダールタの家出が、やがて彼の出家へとつながっていく。これが成道《じょうどう》＝悟りへの道とつながり、そこから仏教が発生することになったのだ。この問題は、長いあいだ、私の眼前に放置されたままであった。だがそれは、仏教という思想の中核に肉薄するためには、まずまっさきに解かなければならない謎であった。

あらためてふり返ってみると、まことに不思議なことであるのだが、その父親によって捨てられた息子ラーフラが、やがていつのまにか仏弟子になっていた。シャカが悟りを開いてブッダ＝覚者になったあと、いつごろからかそのブッダの弟子集団の中に加えられていたのである。父親によって遺棄された息子が、その父親のもとで息を吹きかえしたのだともいえよう。

なぜ、そんなことが可能だったのか。その奇蹟のような転換のプロセスを明らかにする材料は必ずしも多くはない。いや、ほとんど皆無といってもいいのではないだろうか。今、つい奇蹟のような転換といってしまったけれども、それはおそらく仏教の発展の過程で紡ぎだされた、それなりに複雑な物語であったのかもしれない。父親に見捨てられた哀れな息子が、仏弟子になるまでの精神の葛藤と自立のプロセスといっていいのであるが、それはどのようなものだったのか。

親を失った子どもに未来はあるか

捨て子の自立の物語といったのだが、そのことにふれて、私の眼前に、ある強烈なイメージが浮かぶ。さきに私は本書を構想するにあたって、現代は親捨て子捨ての時代ではないかといい、そのような危機意識のもとに書いていくつもりだと述べた。実は、この危機意識の背景には、もう一つのふり払うことのできない光景が揺れていた。

それについて、ここではやや本筋から離れるかもしれないけれども、やはりふれておきたいと思う。視野を広げて考えると、現代世界が生み出す捨て子が、はるか世紀を超えてブッダ時代の捨て子の問題に通じるとも考えられるからだ。

西暦二〇〇〇年、という世紀の境目を越えるころからだったと思う。世界は、またこの日本列島は、たびたび地震や洪水の災害に見舞われた。そしてついに二〇〇四年の十二月、インド洋、スマトラ沖の大地震と大津波が発生した。その被害はインドやスリランカをまきこんでアジア各国に及び、死者の数、行方不明者の数がわれわれの予想をはるかに超える規模のものになった。そして二〇〇六年に入ってもまた大きな地震がアジアの地を襲っている。われわれの常識だった日本地震列島が、まさにアジア地震列島へと拡大したことをそれは暗示しているが、この傾向は地球環境の悪化とともに、ますます拡大していく気配である。

その途方もない災害の現場を映しだすテレビの画面の中に、私の視線を釘づけにせずにはおかない映像があった。スマトラ沖やインド洋における危機一髪の非常時の中で、奇蹟的に助けだされた赤ん坊たちの映像である。わずかに生きのこることのできた赤ん坊たちのクローズアップされた顔の表情である。おそらく両親たちは大波に呑みこまれるか、それとも瓦礫《がれき》の下敷きになったのであろう。状況は、おそらくイラクやパレスチナといった「戦場」においても変わることはないはずだ。

赤ん坊たちの、その泣きじゃくる顔、あどけなく笑う顔を見ているうちに、これらの助けだされた赤ん坊たちははたして希望の星であるのか、それとも絶望のシンボルなのか、という思いが胸をしめつけてきたことを覚えている。この不可抗力の災害の渦中で産みおとされた赤ん坊たちが、そのまま闇にとざされた未来を象徴しているのか、それともはたして将来に向けて希望の明りをともしているのか、と思ったからだ。

これらの赤ん坊たちは、おそらく現代が生みだす悲劇的な捨て子の運命をたどることになるのであろう。シャカ親子の関係を、ことさら捨て子という問題にしぼって考えてみようとする執筆動機の一つは、実はそこにもあったのである。

そう考えてきたとき、シッダールタもまた捨て子同然の境遇であったではないかという思いが、胸元をつきあげてきた。その捨て子だったシッダールタが、こともあろうに、こんどはわが子を捨てる挙に出たのである。いったいどうしてそんな皮肉な運命が発生したのか。

母の喪失と、独り覚者であるという宣言

さて、シッダールタ誕生のいきさつである。その風景は、どのようなものだったのだろうか。ブッダの誕生といえば、まず誰でも、母親のマーヤー（摩耶）夫人の脇の下から生まれたという伝承を思いうかべる。この伝承はよほど魅力があったというか、衝撃的なものと受けとられたのであろう、彼の誕生を語るストーリーには必ず登場する。そのため、のちに絵画や彫刻の恰好《かっこう》の題材にされるようになった。その中でよく知られているものの一つに、法隆寺に伝えられた遺宝（「摩耶夫人及び天人像」青銅鍍金）がある。マーヤー夫人の脇の下からこぼれ落ちるように誕生する、シッダールタの可愛らしい赤子の像である。

しかしここでは、そのこと自体をとくにとりあげようというのではない。そのことよりもむしろ、このシッダールタが、誕生七日目にして生母マーヤーを失うという悲運に見舞われたことを問題にしたいからだ。それ以後彼は、母の妹であるマハーパジャーパティー

（摩訶波闍波提《まかはじやはだい》）によって養育されることになった。

母親の死後、その姉妹が後妻となり、母代わりになってあとに残された子を育てるという話は、東西古今の物語にたくさん出てくる。いわゆる「継子」物語といわれるものだ。そのような事例はけっして珍しくはなかったということだが、しかし同時に、それが「継子いじめ」の物語としてくりかえし、あきることなく語りつがれてきたということも注意しなければならない。

見方によっては、シッダールタは生まれおちるとすぐ、継子という名の「捨て子」（棄児）の境遇につきおとされたということではないか。その意味でシッダールタは捨て子として誕生したといってもいい。問題は、それがなぜ生後七日目だったのかということだろう。それがよくわからない。生まれてすぐという伝承を、単に七という数字であらわしただけだったのかもしれない。

そういえば、こんな伝承もある。生まれたばかりのシッダールタが、七歩歩いて右手で天を、左手で地を指し、「天上天下唯我独尊《てんじようてんげゆいがどくそん》」と言ったという。この広い世界で、自分だけがただ一人、悟りを開く覚者となる、とその覚悟を示した、よく知られたメッセージである。

生まれて七日目に母に死なれ、たった一人になる捨て子が「われ一人、ブッダになる」と独立の宣言をしたというのである。このとき、七歩歩いてからそう宣言した、と伝えられているところが面白い。

楽観的な雰囲気の中で語られる誕生譚《たん》である。シャカの未来、ブッダの誕生を美しく予見するようなエピソードといってもいい。だが私の見方は、少々それとは異なる。それが美しいエピソードであることを否定するつもりはもちろんないのだが、ただこの生誕物語にはもう一つのネガティブな水路が通り、そこに捨て子という影がさしていると思うからだ。

十三年目に生まれた子ども

では、生後七日目に生母を失ったシッダールタは、その後どのような少年時代、青年時代を送ったのか。それもよくわからない。もちろんこのことをめぐっていくつかの印象的なエピソードが語られてこなかったわけではない。しかしその詳細はやはり闇に包まれている。新しい養母で、父の妃になるマハーパジャーパティーが、はたして優しい義母だったのか、それとも厳しい継母だったのか、いちばん知りたいところであるが、それもよくわからない。

もっとも、シッダールタが意地悪な継母にいじめられたといったような話は、ブッダの伝記には出てこない。仏教の伝承の中には、ブッダの少年時代を継子いじめと結びつけるような話は出てこないのである。東西の捨子物語には継子いじめのテーマがつきものであるのだが、仏教の伝承にはほとんど出てこない。それどころか、シッダールタの継母であるマハーパジャーパティーは後にブッダの教団に入って、最初の尼僧になっている。女性の出家第一号、という栄誉を手にしているのである。

シッダールタは子どものころから物思いにふける傾向があったようだ。人間はどこからきて、どこに行くのか、といった問題に関心を示す、自意識のつよい性格だったのであろう。

実母のいない子の孤独が、やがて時を経て家を捨てる行動につながった、と考えることはできないか。確証はないけれども、そのような可能性も否定することができないだろう。

捨て子シッダールタは、やがて成長し、十六歳になったとき結婚する。妻の名をヤソーダラー（耶輸陀羅《やしゅだら》）といった。十六歳というのであるから早婚であるが、幼児婚が普通であった当時のインドの状況の中では取り立てていうほどのことではないかもしれない。

やがて、シッダールタと妻ヤソーダラーのあいだに男の子が生まれた。二人にとってははじめての子である。はるか後年の「家出」する直前のときだった。その家出のときを二十九歳とすると、結婚から数えてすでに十三年もたっていることになる。待望の子であったわけだ。

だから、今日のわれわれの感覚でいうと、さしずめ二人の愛の結晶がやっとのことで実ったということになるであろう。しかし実際は、その誕生を知ってすぐシッダールタは家を出てしまうのである。そこにいったいどのような事情がひそんでいたのか。不透明な部分である。

あるいはそれは、シッダールタ自身が七日目にして生母を失い、捨て子同然の継子の境涯に追いやられたことと関係があったのかもしれない。そして、もしもそうであるとすると、このときの彼の気持は単なる幸福感にみたされていたというようなものではなく、もう少し複雑なものであっただろう。

いずれにしても、息子の誕生を聞いて家出をしたシッダールタの行動は、単なる四住期の思想に後押しされた人生上の選択、というようなものではすまされないのである。もっと、人間存在の深い部分に根ざした行動であったようにも思われるからだ。ここでは、その問題をもう少し突っこんで考えてみることにしよう。

わが子に悪魔の名をつけた

最初の息子の誕生を迎えたシッダールタは、あろうことか、その息子に「悪魔」という名を与えた。それが、問題の焦点だ。のちにブッダになるような人間が、わが息子に、いったいどうしてそんな名をつけたのか。その動機は何だったのか。

この問いは、いつしか「仏伝」というものに対する私の躓《つまず》きの石になってしまった。この、人間シッダールタにおける謎の行動を、どのようにして解いていったらよいのか。そのことを明らかにしないで、ブッダの人生の深みに迫ることはできないのではないか、という思いにかられるようになった。シッダールタ＝ブッダがおそらく心に抱きつづけ、そのために苦しみ、悲しみつづけた経験の意味である。

シッダールタはそのとき、いったいどうして最愛の対象であるべきわが息子に「悪魔」という烙印《らくいん》を押したのか。どのような理由にもとづいてそうする決意をしたのか。

シッダールタが、はじめて生まれてきたわが子に「悪魔」の名をつけたということについては、もう少し背景の説明が必要であろう。伝承によると、その「悪魔」は、インドの古代語であるサンスクリットのラーフ Rāhu から来ている。このラーフは、もともと日蝕、月蝕の「蝕」を意味する言葉であった。太陽の輝きをさえぎるもの、月の光を覆うもの、ということだ。そこから「障碍《しょうげ》」とか「障り《さわ》」とかを指すラーフラ Rāhula という語が使われるようになったが、もう一つ重要な派生的意味として「悪魔」が浮上してきたのである。輝きや光の障りとなるような存在、すなわち悪魔的な存在、というようにイメージされ、解釈されるようになったのだ。

太陽や月を呑みこむ悪魔ラーフ

実はこのラーフラ＝障りの話は、ヒンドゥー教の神話や仏教説話の中でさまざまに語られていた。その中に、物語の核になるつぎのようなエピソードがある。

神々とアスラ（阿修羅《あしゅら》）、すなわち悪魔たちのあいだで、不死のからだをもたらす甘露《かんろ》（アムリタ）をめぐって激しい争奪戦が演じられた。このとき神々の側に立って戦ったのが太陽神と月神であり、それに対してアスラ側に回ったラーフという名の悪魔が反撃に出て、太陽と月を腹中に呑みこんでしまう。しかし最終的に神々が勝利し、悪魔たちは空や海に逃げさった。ラーフラの名はこの神話に登場する悪魔ラーフに由来するのだ、という。

たとえば、ブッダとそのラーフについては、こんなエピソードも伝えられている。

そのとき、太陽という〈神の子〉は、アスラの王・ラーフに捕われていた。そこで、太陽という〈神の子〉は、尊師を想い起こして、そのときに次の詩をとなえた。――

「ブッダなる健《たけ》き人よ。あなたに帰依いたします。あなたは、あらゆる点で解脱しておられます。

わたしは、苦悩に締めつけられています。このわたしを救うよりどころとなってください」と。（サンユッタ・ニカーヤ・第二篇第一章、中村元訳『ブッダ 神々との対話』）

しかし、それにしてもシッダールタはなぜ息子にそんな名をつけたのか。今日のわれわれの目から見て、いろいろに解釈することができるにしても、当時の仏教徒たちにとっては正面から見つめることのできない、耐えがたい伝承となっていったのではないだろうか。その意味するところをそのまま受けとって、「障り」とか「障碍」とか、さらに「悪魔」と呼んで平気でいられるような者がはたしていたのだろうか。ここはやはり、じっくり考えてみなければならないところであると思う。

おそらくそのためもあったのであろう、のちの仏教徒たちは、ということは中国の仏教徒たちということだが、「ラーフラ」というサンスクリット語の音だけをとって、「羅睺《らご》羅《ら》」と漢字に写している。

この漢音写の方法というのは、難しいサンスクリットの言葉を置きかえるための仏典翻訳上の一つの約束ごとだった。要するに、訳しにくい言葉を音で写して、その本来の意味を隠すという手法である。だから、ラーフラを「悪魔」という言葉で直訳する代わりに、

「羅睺羅」と音写したのはむしろ当然の処置であったのだろう。しかしそれにしても、翻訳の仕事にたずさわる人びとの心の内には、大きな戸惑いの気持がわだかまっていたのではないだろうか。

愛欲の果実

それはそれとして、シッダールタの身に即していえば、彼ははじめての息子の誕生の場面を前にしたとき、もしかするとそれが愛欲の果実以外の何物でもない、と直感したのかもしれない。衝動的な欲望によって産みおとされたもの、少なくとも今日いうところの愛の結晶といった受けとり方からは、はるかに遠くへだたった感覚である。とはいっても、このときのシッダールタが本当にそのように考えたのかどうか、確かな証拠があるわけではない。

そもそもブッダの伝記そのものが多くの神話的な伝承に彩られている。大切なのは、後になって仏教徒たちが、そのことについてどのように考えたかということだ。苦悩の根本は人間的な欲望そのものの中にあるというのが、仏教における人間認識の基本だったからである。その欲望を制御しようとするところから、仏教における修行の道がはじまる。たとえば、そのため第一に着手したのが「家出」という行動だった。

それは世俗的な生活からの脱出を意味すると同時に、すでに妻帯している者にとっては妻との性的交渉からの離脱を意味していたであろう。シッダールタもその道をたどったのである。

ともかく、シッダールタがはじめてのわが子に「悪魔」という名をつけたことの意味をまず明らかにしなければならない。悟りを開く以前の彼に、はたしてそのような明確な意図があったのかどうか、疑えばいくらでも疑うことができる。しかしそうではあっても、「ラーフラ」誕生の伝承がそのようなシッダールタによる命名の形を考えだしたということには、それなりに現実的な根拠があったのであろう。

ここで第一に考えられるのは、悪魔と命名することで、シッダールタがわが子を捨てたということだ。生母を失って捨て子の運命におかれていた父が、こんどは自分の子を捨て子の状態に追いやったということである。

理不尽といえばあまりにも理不尽な人間のドラマである。そのような理不尽な運命を、知らず知らずのうちに引きよせてしまったのか。そもそも人間というものが、そのような運命の支配下にある存在であるということか。

二度捨てられた子

しかしこのシッダールタ親子をめぐる苛酷なドラマは、それにとどまらなかった。なぜならこの物語は悪魔命名の段階を超えて、さらにそのさきへと展開していったからである。くりかえし述べてきたように、シッダールタはまもなく妻子を捨てて、家を出ていく決意を固めるようになったからだ。こうして捨て子物語の第二幕がはじまる。シッダールタ二十九歳のときのことである。

なぜ、シッダールタは家を出たのか。結婚し、子どもまでつくった一家の主人シッダールタの心の中に、どんな重大な変化が生じたのか。その心の中の重大な変化が、いったいどうして妻とともに子どもまで捨てる決意にたかまっていったのか、という問題である。なぜならこのとき、息子のラーフラは父シッダールタによって二度捨てられることになったからだ。一度目は悪魔と命名されて捨てられ、二度目は父によって養育を拒否され、母ヤソーダラーとともに捨てられてしまったからだ。

シッダールタはこのとき、わが子を二度も捨てたという自覚をもっていたのであろうか。もしもそのような意識をもたなかったとすれば、彼はよほど鈍感な人間だったということになるだろう。しかしそんなことは、まず考えられそうにない。とすると彼は、そのような自覚を十分に心に抱きながら、あえて子捨てと妻捨てという行為を選びとったということになる。そのことを、後世のわれわれはどのように考えたらよいのだろうか。

身勝手な動機

くりかえしていえば、これまでのブッダの伝承や伝記では、この場面を「四門出遊」という物語で説明するのが普通だった。ほとんどの伝記はこの有名な伝承にもとづいて、シッダールタの「家出」を解釈している。彼が家出をしなければならなかった内的な必然性が、そこにあったという書き方をしている。心理的な動機づけをそこに求めた。

家出の動機として、実によくできた物語になっているとは思う。「四門出遊」という言い方も、実に含蓄に富んでいて美しい。シッダールタの家出を飾るのにふさわしいエピソードである。この美しい物語の主題は、もちろん老人、病人、死人を見たあとに「出家者」の姿を目にとめた、というところにある。人生には四つの門があるということだ。シッダールタは、老、病、死の現実に世の無常と無情を感じ、出家者の生き方に共感して新天地に出立する、という筋立てになっている。それが「出遊」である。シッダールタの「出家」という美しい物語が、こうしてできあがった。

しかしここで、視点を変えてみるとどうなるか。その場面を仮に、妻ヤソーダラーと息子ラーフラの側からみたとしたら、どうなるか。

自分の都合で、突然、家庭を捨てていく男の姿がそこに映ってはいなかっただろうか。一方的に家族を捨てることを宣言する、エゴイスティックな人間の姿だ。夫であることをやめ、父であることを拒否する非情な男……。とすれば、そのような行為をいったいどうして「出家」などという言葉で呼ばなければならないのか。それは単なる「家出」ではないのか。シッダールタはそのとき、まだ何も悟ってはいなかったのである。ブダガヤでの奇蹟はまだ生じていなかったはずだ。

しかしこれまでのブッダの伝記の多くは、このよく知られた「四門出遊」の事件に対して、妻や息子の視点から考察することをほとんどしていないのである。自己中心的な願望に憑《つ》かれた男を客観的に眺めるスタンスをとってはいない。これは不思議な話ではないか。

もっともわれわれは、ブッダの伝記というものが、弟子の手になるものであれ、後世の学者の手になるものであれ、はじめから神話的な伝記の常道を守ってつくられたものであることを知っている。悟ったブッダ、覚者ブッダの立場から、過去の人生をふりかえって再構成された物語であるということだ。とすれば、その覚者ブッダの新しい門出であった「四門出遊」を美しい出家の物語として語ることは、むしろ当然のことであったといわなければならない。

捨てられた子の思い

覚者ブッダを仰ぎみる視点が、おそらくこのときの妻ヤソーダラーからの視点、息子ラーフラからの視点を曇らせてしまったのである。同時に、突然家出を決意した男のエゴイズムを追及する手を緩めてしまったのではないか。出家するシッダールタというイメージが、家族に対して心理的暴力をふるった家長の世俗的な責任の所在をあいまいなものにしてしまったといっていい。

妻ヤソーダラーはシッダールタの中に平凡な世俗の夫を求めていたであろうし、ましていわんや、のちに物ごころがつくようになった息子ラーフラにとって、父シッダールタが聖者の道を歩こうとしているとは、想像することもできなかったであろう。彼はただ普通の父であってほしいと思っていたにちがいない。だが、その家族の期待を一方的に裏切って、シッダールタは家を出ていった。子のラーフラを捨てて家を出ていったのである。

家庭の崩壊である。家族の軸心が突然引きぬかれてしまったのだ。残された者たちの喪失感が眼前に浮かぶ。同時に、二度も捨てられたラーフラが、その父に対してどのような気持を抱くにいたったか、という問題もせり上ってくる。

おそらく、長じるにつれて、自分を捨てて家を出ていった父親に、憎しみの感情を増幅させていったにちがいない。癒しがたい怨念が肥大化していったはずだ。その憎しみと怨念がいつしか殺意へと形を変えていく可能性もあったのではないか。父による心理的暴力に対する、自己防衛といっていえないこともない。そのような衝動を抱えながら、青春の暗い日常を送っていたラーフラの姿が見えるようだ。その荒涼たる寂しい心の内景が、いやでも大写しになって眼前に浮かびあがる。

これは、あるいは後世から想像をはせる私の思いすごしといわれるかもしれない。文献的にはそれを実証するようなものは何もないからである。しかし私がそのように想像せずにいられないのは、実は現代の聖者、すなわち現代のブッダとも私が考えるガンディーに、同様の体験があったことを想起するからである。ここで私が仮定的に述べているシッダールタの像は、じつはそのガンディーの人間像を鏡にして再構成したものなのである。

ガンディーもまた、子を捨てた

いつごろからか私は、このシッダールタとラーフラ親子の不幸な関係を考えるとき、これとまったく酷似するもう一つの光景を思いおこすようになっていたのだ。あのガンディー親子の不幸な関係である。シッダールタ＝ブッダが経験したことが、ほとんどガンディーのそれと重なってみえるようになったのである。

イギリスの植民地だったインドを独立に導いた民族の英雄、マハトマ・ガンディー（一八六九—一九四八）の人生は、波乱にみちたものだった。ガンディーは、イギリス帝国の植民地として苦難の忍耐をしいられていたインドを独立に導いた聖者であり、たぐいまれな政治指導者だった。彼は「非暴力《ノン・ヴァイオレンス》」という考えぬかれた戦略を掲げてその大事業にとりくんだが、その非暴力が二五〇〇年前のブッダの「アヒンサー（不殺生）」の流れをつぐものであったことはいうまでもない。その意味でヒンドゥー教徒ガンディーは、まさにブッダの正統的な精神の後継者だったといっても過言ではないだろう。ブッダの貴重な遺産「不殺生」が、ガンディーの行動を通して現代に復活し、ヒンドゥー教の舞台で花を開かせたということだ。

そのうえガンディーは、ブッダと同じように結婚して子どもをつくり、その家を脱出して遍歴遊行の旅に出、ついに「聖者」になっている。彼らは二人ともヒンドゥー教の産湯《うぶゆ》をつかって、その自立的な思想を創出したのである。その場合、あの四住期説の教えるところにしたがって、「林住期」から「遊行期」へとその人生航路を描いていった軌跡も、両者は、ほとんど同血の兄弟のような息の合ったところをみせている。

ガンディーは十三歳でカストルバーイと結婚し、十九歳のとき長男のハリラールが生まれた。二十三歳で次男、二十八歳で三男、三十一歳で四男がつぎつぎに生まれている。

ところが彼は、長男のハリラールが生まれた直後、十九歳でイギリスに留学し、三年足らずで弁護士の資格をとって帰国する。しかし、祖国では、ついに職を得ることができなかった。それで二十四歳のとき、インド人が多く移住して働いていた南アフリカに渡る。そしてその翌年から、聞きしにまさる人種差別（アパルトヘイト）に対する反対運動に立ちあがった。以後十年余に及ぶ南アフリカでの闘争がはじまるが、その過程で非暴力抵抗の手法をあみだし、ついにみずからブラフマチャリヤ（禁欲）の誓いを立てて、サティアーグラハ（真理の把持）の大衆闘争を開始した。三十七歳のときだった。

ブラフマチャリヤの誓いとは何か。端的にいえば、妻との性的交渉を断つ、ということである。非暴力の方法による人種差別撤廃の政治運動は、夫婦関係を断ちきる禁欲の行為と相補的な関係にあるべきだ、というのがその主張の核心だった。外部に向かう政治的非暴力は、内部に向かう身体的非暴力と手を結ばなければならないとする、半ば強迫神経症的な誓いだったといえないだろうか。

そのような強引とも思える論理にしたがって、彼は自分と妻カストルバーイの関係はもはや夫婦の関係ではない、真理を追究する非暴力運動の同志の関係である、と宣言したのである。したがってまた四人の息子たちとの関係も、もはや血縁にもとづく父子の関係ではない、自分と同じ目標に向かって努力する同志の関係である……。

このときおそらくガンディーは家庭的な団欒《だんらん》をあきらめ、家族的な関係の環から抜けでようとしていたのである。まさにガンディーにおける一方的な家出宣言だったというほかはない。ガンディーを平凡な夫であってほしい、平凡な父であってほしいと願っていたはずの家族にとって、その行動は、聖者という途方もないものに向かって走りだした、父の変わりはてた姿、と映ったのではないだろうか。

血縁を断つことの見返り

だが、このガンディーの、世に有名な非暴力開始の宣言は、のちになって手痛い不幸な結末をともなって彼を苦しめることになる。ことの発端は、長男のハリラールが最初の妻を病気で失い、再婚を望んだときだった。父ガンディーが強硬に反対したのである。その理由というのが、まさに常人の意表をつくものだった。あろうことか、子どもを産むことは原罪的な呪いの行為であり慎むべきであると、父が子に対して主張したのである。

以後ハリラールは自制心を失って、酒と女に溺《おぼ》れるようになる。ときにイスラーム教徒の筆名を用いて、ヒンドゥー教徒の父親を誹謗《ひぼう》する文書を出版したりした。ガンディーはおそらく、彼の妻子が日常生活の中で真に望んでいたものが聖なる世界の幻影でもなく、ましていわんや、手のとどかない聖愛などではないことにまったく気がつかなかったのである。

ハリラールは各地を放浪して歩き、行方不明を伝えられることもあったが、晩年、母危篤の報によってその病床に呼びだされた。七十五歳になっていた母のカストルバーイが、この哀れな運命に翻弄《ほんろう》された長男に会いたがっていたからだ。しかし、その最期の病床に横たわっている母の前に姿をあらわしたとき、ハリラールは酒に酔っていてそのまま連れさられた。彼女は声を出して泣き、その翌日、非暴力運動の同志である夫ガンディーの膝の上に頭をのせたまま、息を引きとった。

ここで告白してしまえば、私がブッダの出家、いやシッダールタの家出についてある種の疑問をもつようになったのは、右に記したガンディーのサティアーグラハの実践にふれたときだった。それ以来、ブッダ親子とガンディー親子の関係が形影寄りそうように、私の中で鮮明なイメージを結ぶようになった。

さらにいえば、ブッダの不殺生《アヒンサー》とガンディーの非暴力《ノン・ヴァイオレンス》の背後にひそむ共通の問題がしだいに形をなすようになった。その共通の問題とは、欲望のコントロール、すなわち愛欲の制御というテーマであり、それをどのようにして実現していくのかという課題であった。それが、彼らの生き方に重大な意味をもっていたことに気づかされたのである。

彼らの共通のテーマの背後に、愛欲を罪の意識でとらえようとする強固な意志がはたらいていたということだ。それがガンディーにおいては、あからさまな言葉で長男のハリラールに対して言明された。いっぽう、シッダールタとラーフラの場合は、「悪魔」という命名の形であらわにされたのである。

このように考えるとき、シッダールタの家出という事態が、一面でガンディーの場合の一方的なブラフマチャリヤの宣言と何ら変わりのなかったことがみえてくる。ガンディーもブッダ（シッダールタ）と同様に、わが子を二度捨てたのである。一度目は家族に対するブラフマチャリヤの禁欲宣言によって、二度目は長男の再婚願望を罪の観念にもとづいて拒絶することで――。

ブッダとガンディーの違い

ブッダとガンディーが、人間いかに生きるべきかという根本問題を考えつづけて、ついに同一の難問にぶつかった状況が見えてくるだろう。その難問を何とか乗りこえようとした点でも、ほとんど同質の人間であったことがわかる。それはまず疑いえないところだが、しかしここでもう一つ、解きがたい謎として心にとめておかなければならないことがある。父に捨てられたラーフラが、やがて仏弟子になれたということだ。自分を捨てた父に対して、怨みと、そして殺意さえ抱いたかもしれないラーフラ＝悪魔が、ついに仏の十大弟子の一人、羅睺羅《らごら》として転生できたのである。

これに対してガンディーの長男ハリラールは、父の世界から最後までへだてられ、人生の敗残者としてこの世を終えなければならなかった。

ブッダは子の再教育に成功し、ガンディーはそのことに失敗したのだろうか。いったいどうしてそんなことになったのか。その意味を問うことが、おそらくブッダの思想とガンディーの思想の違いを明らかにするために欠かせない問題となるはずだ。

その違いはおそらく、ブッダのいう不殺生《アヒンサー》とガンディーの主張する政治的非暴力《ノン・ヴァイオレンス》の考え方の相違に由来するのかもしれない。ブッダの不殺生は、人間界とともに生物界全体に向けられた生活態度を意味していたが、ガンディーの非暴力は、主として人間界に多発する相互的な暴力の発生に向けられた態度を意味していたからである。したがってまたその非暴力は、政治闘争の場で鍛えられ厳しい試練を引きうけなければならなかった。その非暴力運動の中で、ガンディーは息子ハリラールの心の救済にまで配慮するにいたらなかったのではないだろうか。

仏弟子になったラーフラ

さて、悪魔ラーフラは、なぜ仏弟子羅睺羅へと成長することができたのか。

それを明らかにするためには、父シッダールタの家出のあと、ラーフラがどのような人生を歩きはじめたのか、どのような環境の中で呼吸していたのかを問わなければならないが、それがさきにもふれたようにはっきりしないのである。その上、彼の生活を包みこんでいく他の仏弟子たちとの関係も明らかではない。

ただ伝承によれば、ブッダが悟りを開いてふるさとのカピラヴァットゥに帰郷したとき、ラーフラはブッダによって出家させられている。そのとき九歳になっていたラーフラを、仏弟子中の第一の指導者だった長老サーリプッタ（舎利弗《しゃりほつ》）に託して出家させた、というのである。

仏弟子羅睺羅とは、いったい何者だったのか。私はそのような問いを立てて腕組みをし、彼の人間性の裏側や内面をどれほどのぞきこもうとしたことか。だが、その試みはいつも徒労に帰した。彼の心の内部に入っていくことがどうしてもできなかったからである。

考えあぐねているとき、聖書にあらわれるイエスの生涯を思いかえすことがあった。聖化されてしまった母マリアとのあいだで、人間的な母子の情を拒否されているイエスの運命である。そのイエスの生涯をラーフラのそれに重ねあわせて、右にあげた難問の隘路《あいろ》を通りぬけようとしたこともあった。

それだけではない。親鸞《しんらん》や道元《どうげん》が幼くして出家したときの人生苦を参考にしようとしたこともあった。親鸞は幼児のとき母を失い、九歳のとき出家している。同じように道元も三歳で父を失い、八歳で母と死別し、十三歳になって比叡《ひえい》山にのぼって出家している。親鸞も道元も、いってみれば捨て子の境涯をくぐり抜けて「家出」もしくは「出家」をしているのだ。彼らの伝記を読むと、その出家、家出の動機にふれて、無常の風にさそわれて、といったようなステロタイプの説明にしばしばお目にかかる。しかし十歳前後の子どもに、はたして無常というようなことがわかるのだろうか。疑おうと思えば、いくらでも疑うことができるのである。

そういえば、これまで捨て子親鸞、捨て子道元の論なるものに出くわしたことが、ほとんどない。家出と捨て子の関係はいってみれば表裏一体のものであるはずなのに、そのことに言及する議論がほとんどなされてこなかったのである。とすれば、捨て子ラーフラの運命に思いをいたす者がいなかったとしても、不思議ではない。そのうえ、その問題を示唆するものが伝承のような形においても存在しなかった。私はしだいにあきらめの心境に陥り、事態を傍観するほかなかったのである。

選ばれた十大弟子

あるとき、仏弟子たちの名前を眺めていた。十大弟子といわれるブッダの弟子たちの一つひとつの名前に、漠然と視線を走らせていた。

ブッダの弟子たちの中には、彼らのほかに尼僧や女性信者を含めて多くの信奉者が集まっていた。十大弟子の数も、十一人だったという伝承もある。それがやがて男性僧だけの十人へと限定されていった。弟子の名にも出入りがあり、あとから登場してくるもの、やがて姿を消していく弟子の名もあった。

だから「十大弟子」としてまとめられるようになったのは、ブッダ入滅後のことであったとしなければならない。また後に述べる十大弟子のリストも『維摩経《ゆいまぎょう》』によったものであって、それもまた伝承のうえでつくられた一種のフィクションという性格をもっている。

しかし、そのことを前提にしたうえでいっておきたいのであるが、それにもかかわらずというか、あるいはそれだからこそというべきか、この後世になって定着することになった十大弟子のカテゴリーは、その個性の付与の問題を含めてやはり重要な意味をもってくる。なぜならそこに盛られている物語の一つひとつは、仏教の発展のなかである必然的な因果の糸を紡ぎだしていると考えられるからだ。

しかしながら、そのような一つひとつの名前をためつすがめつ点検するような気持になって眺めてみたのだが、それでも何の感興もわかなかった。無味乾燥な漢字の羅列がそこにあるだけだった。そのほとんどが音写語であったということもあるかもしれない。そこからは、仏弟子たちの生活の息吹きが一つも感じられなかったのである。

しばらくして私は、その漢字の羅列に目をとめながら、仏弟子たちの一人ひとりの名前に、個性的な人柄や才能を暗示する言葉がそえられていることに注意を向けるようになった。「智恵」とか「神通《じんずう》」、「供養《くよう》」とか「天眼《てんげん》」といった個性を示す名称である。けれどもそれらの性格や才能を示す言葉が、はじめのうちは単なる平凡な類型、単に人間の差異を示す記号のようにしか私の目には映っていなかった。漢音写の羅列の単調さに引きずられたためであったのかもしれない。

そんなことをくりかえしているうちに、あるとき、はっと気がついたことがあった。ある言葉が光るように輝き、私の視線をとらえて離さなくなったのである。ようやく転機が訪れたのかもしれなかった。光に隈取りされた出口が暗闇の中にあらわれ、そのさきに広々とした光景が見えてきたのである。

仏教経典を繰ってみればただちにわかることだが、仏の十大弟子はふつうこんな風に列挙されている。ここでは便宜的に『維摩経』の弟子品《でしほん》によって書きだしてみよう。伝承の中でしだいにつくられていった十大弟子たちである。

一、舎利弗《しゃりほつ》（サーリプッタ）―智恵第一
二、〈摩訶《まか》〉目犍連《もくけんれん》（〈マハー〉モッガラーナ）―神通第一
三、〈摩訶〉迦葉《かしょう》（〈マハー〉カッサパ）―頭陀《ずだ》第一
四、須菩提《しゅぼだい》（スブーティ）―供養第一
五、富楼那《ふるな》（プンナ）―説法第一
六、〈摩訶〉迦旃延《かせんねん》（〈マハー〉カッチャーナ）―論議第一
七、阿那律《あなりつ》（アヌルッダ）―天眼第一
八、優波離《うはり》（ウパーリ）―持律《じりつ》第一
九、羅睺羅《らごら》（ラーフラ）―学習第一
十、阿難《あなん》（アーナンダ）―多聞《たもん》第一

見られる通り、この十大弟子のリストは、すぐれた弟子たちにはそれぞれ個性があったのを、その名とともに示すためであったといっていい。漢音写の名前と意訳された個性とを結びつけているのである。それはあのイエス・キリストにおける十二使徒、孔子における十哲の数え方と類似している。羅睺羅の特質を「学習第一」のほかに「密行《みつぎよう》第一」とする伝承もあるが、ここでは、わかりやすさという点で「学習」をとることにする。ひそかに学習を重ねていたということだ。

しかし仏の十大弟子の挙名の内容をキリストの十二使徒や、孔子の十哲とくらべてみると、仏の十大弟子のほうが、それぞれの弟子たちの個性をきわだたせようとする意図が強くはたらいているように私にはみえる。智恵第一、神通第一……と表記されているように、そこでは第一にすぐれているという評価の仕方がとくに目を惹くからだ。頭陀、説法、天眼……とあげていくと、ブッダ自身が弟子たちの性格や才能の差異化に並々ならぬ関心を抱いていたらしいことまでも浮かびあがってくる。秀れた才能がブッダのもとに自然に集まるようになったということだ。

その十人の弟子たちは、それぞれどのような人間だったのだろうか。

十人十色の後継者

最初のサーリプッタはブラーミン（バラモン）の出身で、懐疑論を唱えていたが、ブッダに帰依《きえ》し仏弟子になった。自分の弟子百人をひきつれて入門したといわれるが、ブッダに先立って死んでいる。

つぎのマハーモッガラーナも、サーリプッタと並ぶ長老の一人、地獄で苦しんでいる母を神通力で供養して救ったという話で知られる。

マハーカッサパは少欲知足に徹する修行をし、ブッダの死後、多くの修行者を集めて経典の編集会議を主宰し、教団を組織した。

スブーティは商人の子、ブッダに祇園精舎《ぎおんしょうじゃ》を寄進した大富豪の甥《おい》であった。いつも円満柔和を心がけ、誰からも供養を受けた。

プンナは弁舌巧みな説法家として知られ、後世、「富楼那《ふるな》の弁」という成語までできた。

マハーカッチャーナは、サーリプッタやマハーモッガラーナが亡くなったあとの教団の中で中心になって教化に活躍した。ブッダの教えをわかりやすく説明することでも人気があった。

アヌルッダは、説法の座で眠りブッダに激しく叱られたが、発奮して一切眠らず修行し、そのため失明した。しかしやがて、すべてのものを見通す眼力（天眼）を得たといわれる。

ウパーリはシャカ族に仕えた理髪師の出身だった。ほかの弟子と違う下層階級の出身であったが、戒律を守ることにすぐれ、教団の規律をつくることで貢献した。

ラーフラは、入門後にサーリプッタについて修行して戒を受け、不言実行をつらぬいたとされる。学を好む第一人者ともいわれた。

アーナンダは二十五年のあいだ侍者としてブッダに仕え、説法を聴聞することがとくに多かったので「多聞第一」といわれた。

十人の弟子たちの足跡を追っていくと、概略は以上のようなことになる。だが、それらの個性的な名前を右にたどり、左に眺めていくうちに、それらの言葉がだんだん光沢を失っていった。単に差別的に記述されている平凡な景色に見えてきたのである。エピソードの形はとっているものの、それらの記述は弟子たちを単に区別するだけの、差異化の記号にしかみえなくなってきたからだ。師と弟子集団のあいだではどこにおいても観察される関係、といえないこともなかった。

そもそもブッダのような師の人格を、その通りに全面的に継承することのできる弟子などはいない。その師がすぐれた師であればあるほどそうであろう。とすれば、弟子はその偉大な師の一面を継承できる存在にすぎない。智恵の側面を受けつぐ弟子、神通力をもつ弟子、説法の巧みな弟子、というように……。

そもそも師の全体を継承することができないのであれば、弟子という存在は、それぞれに師の卓越性、独自性の一面を受けついでいくほかはない。そうして十大弟子とか十二使徒とかいう弟子のあり方の枠組みができあがっていく。ブッダとその弟子たちのあいだの関係も、そのようなものだったのではないだろうか。そう考えたとき、智恵第一、神通第一の区別が、単純な差異化の記号でしかないようにますます思えてきたのである。私はあきらめかけていたのかもしれなかった。

二人の特別な弟子

ほとんどサジを投げようとしていたときだった。十大弟子の最後のほうに並んで記されている二つの名前が、突然、私の目の中に飛びこんでくるような気がした。それがあたかも二つ星のような輝きを放って、肩を並べているように見えたのである。十大弟子の末尾に肩を寄せるように点じられている二つ星であった。

羅睺羅―学習第一
阿難―多聞第一

この二行が私の眼を射たのである。その二つ星がそのときまで意味あるものとして私の目に入らなかったのは、おそらくそれが十大弟子の名前のいちばん最後につつましやかに置かれていたからだ。

第一の弟子舎利弗からはじまって第二の目犍連(目連)、第三の迦葉とつづき、第四、第五、第六と弟子の名がつらねられて、第七阿那律、第八優波離とくる。そしてやっと第九羅睺羅、第十阿難があらわれる。その控え目な出現の仕方は、まるで一座の末席に膝をそろえ、恐縮してかしこまっている図ではないか。そのためその最後の二行が、はじめのうちは私の目にほとんど霞んで見えていたのかもしれない。

それが突然、新鮮な輝きを帯びて立ちのぼってきたのである。学習第一の羅睺羅と多聞第一の阿難——。いや、十大弟子の最後の末席に羅睺羅と阿難が仲よく並んで坐っている姿に、私はふと胸を打たれるような気持になったのだといってもいい。問題児ラーフラが、多聞の人の膝もとにひっそり控えているではないか。ラーフラをいつも手元において、何かと世話を焼いているアーナンダの姿がしだいに立ちあらわれてきたのである。

そのように想像がふくらみ、それが頭の中に点滅をくりかえすようになったとき、十大弟子の中で、この二人の関係は特別のものだったのではないかと思うようになった。第一の舎利弗から第八の優波離までの弟子たちと、この二人のあいだには目に見えない一線が引かれている、そう感ずるようになった。羅睺羅の「学習第一」と阿難の「多聞第一」のあいだに張られているつよい牽引《けんいん》の関係である。とりわけ阿難の多聞第一、その「多聞」ということの意味が、眼前に大きく立ちはだかるようになった。

舎利弗の「智恵」や目連の「神通」は、要するに一芸に秀でた能力をそのように表記したまでのことである。迦葉の「頭陀」(修行)も須菩提の「供養」もそうだ。富楼那の

「説法」、迦旃延の「論議」、阿那律の「天眼」、優波離の「持律」も、みなそうではないか。彼らはいずれも一芸に秀でた能力をもつものとして頭角をあらわし、仏弟子の仲間としての地位を獲得していった。しかし羅睺羅の「学習」と阿難の「多聞」は、それらとはいささか性格を異にしているのではないか。学習や多聞という個性もしくは性格は、一芸に秀でているというのとはいささか違うのではないか。それは人間のある種の個性をあらわしているとはいえるけれども、他に抜きんでる卓越した能力をあらわす言葉とは思えないからだ。そこには、もう少し別のニュアンスが含まれているようにみえるからだ。

ブッダの子という難しいポジション

その二人の座標軸の意味を探っていくために、ラーフラが当時ブッダの周辺でどのようにみられていたのか、他の弟子たちのあいだでどのように評価されていたのかをみておく必要があるであろう。まず印象的なのは、彼がブッダの実子であったためか、どうかすると他の弟子たちをあなどる傾向があったと記されていることだ。そのためブッダは、つけあがった息子のラーフラをくりかえし戒めている。

〔師（ブッダ）がいった〕、「ラーフラよ。しばしばともに住むのに慣《な》れて、お前は賢者を軽蔑《けいべつ》するのではないか？　諸人《もろびと》のために炬火《たいまつ》をかざす人を、汝《なんじ》は尊敬しているか？」

〔ラーフラは答えた〕、「しばしばともに住むのに慣れて賢者を軽蔑するようなことを、わたくしは致しません。諸人のために炬火をかざす人を、わたくしは常に尊敬しています。」

（スッタニパータ・二―三三五～六、中村元訳『ブッダのことば』）

ラーフラは、師としてついたサーリプッタをより深く尊敬するようになり、二十歳になったとき彼から具足戒《ぐそくかい》（出家僧の守るべき戒律）を授けられたという。が、この直接の師匠だったサーリプッタはブッダに先立ってこの世を去っている。その後のラーフラの生活はどうなったのか。それがよくはわからないのである。彼はここでふたたび捨て子の悲哀を味わうことになったのではないだろうか。

そのようなラーフラの前に静かに歩みよってきたのがアーナンダであったと思う。のちに多聞第一といわれるようになる優しいアーナンダの存在が、不安定な心理状態の中で行きつもどりつしているラーフラの前にあらわれる。そういう光景を思い浮かべながら、私は学習第一の羅睺羅と多聞第一の阿難の出会いに注意するようになったのである。さきにもふれたように、学習第一の「学習」も多聞第一の「多聞」も、単に一芸に秀でた者の個性的な能力を指す名辞ではなかったであろう、と考えるようになったのだ。

ブッダに侍した二十五年

もしもそうであるとすると、ラーフラ＝羅睺羅にとって阿難とはいったいどのような存在だったのだろうか。いや、そもそもアーナンダとは何者だったのか。

第一に阿難すなわちアーナンダ Ānanda は、ブッダが涅槃を迎えるまで、二十五年ものあいだ仕えつづけた随行者だった。今日の言葉でいえば忠実無比の秘書だった。

第二に、ブッダの入滅後、弟子のあいだに保守派と革新派の別が生じるが、アーナンダは年も若かったということもあって革新派に属していたらしい。

第三に、彼はブッダの愛弟子であったが、性格に子どもっぽいところがあり、ややもするとわがまま勝手な行動に出ることがあった。それでしばしば兄弟子たち（とくにマハーカッサパ）から注意を受けた。

第四に、アーナンダは、二十五年のあいだブッダの教えを、そば近くにあって聞きつづけることができたので、その教えの内容を他の弟子たちに伝える機会が多かった。おそらくそのためであろう、仏典の編集とか、それを確定する作業において重要な役割を果たした。多聞第一の名で呼ばれるようになったのもそのためである。ブッダからもっとも多く聞くことのできた者（多聞第一）が、経典を結集《けつじゅう》する場面で主役に任じられることになったのである。

それらのことに気がついたとき私は、父に捨てられたラーフラにとって、仏弟子たちの中でもっとも近づきやすかったのがこのアーナンダではないか、と思うようになった。彼はまず、ブッダの後半生について、もしかすると実の息子ラーフラよりはるかに多くのことを知っていたかもしれないからだ。ときには、父のそば近くあって親しんでいるアーナンダの姿を見て、ラーフラは嫉妬の感情にかられることもあったのではないか。その間の関係は微妙であるが、しかしアーナンダの子どもっぽい、わがままな行動に、かえって親しみを感じ、安心して近づいていくことができたとも考えられる。

やがて、若い世代同士ということもあって、たがいに胸襟《きょうきん》をひらくようになっていったにちがいない。ラーフラやアーナンダが年上の兄弟子たちに厳しく指導されている光景も浮かんでくる。彼らはひそかに、ブッダ・コミュニティーの将来について語りあうようになっていったであろう。革新派としての共鳴、共感を確かめあうこともあったかもしれない。

しかもアーナンダは、シャカ族の中の貴族階級、ブッダのいとこであった。そういうこともあって、二十五年もの長い期間、侍者＝秘書をつとめることになったのであろうが、当然、ラーフラとも血のつながりがあったことになる。

捨てられた子は父を憎み、怨んだのか

仏の十大弟子という呼称が伝承の中でしだいにゆるぎないものとされていく過程で、ラーフラとアーナンダがあたかも肩を並べるような形で、第九、第十の座席に定着していったいきさつがみえてくるようだ。彼ら二人の関係が切りはなせないものとして、仏弟子た

ちのあいだでしだいに意識されるようになったということではないか。

そしてそのように視点を定めたとき、見のがしえないキーワードとしてわれわれの目を惹くのが「多聞第一」というアーナンダの特質である。「多聞」という言葉がもつ重要な響きである。

さきに述べたように多聞とは読んで字の通り、多く聞く、ということだ。これはまず第一に、二十五年のあいだブッダのそば近くあってその教えを多く聞いた、ということに発する。むろん、そのことの重要性はいうまでもないことだ。しかし私がよりいっそう関心をもつのは、同時にアーナンダという人間が、ラーフラの愚痴や不平不満を日常的によく聞いていた人だったであろうということだ。

彼はラーフラによって発せられる不穏な言葉、激しい言葉にもじっと耳を傾ける人間だったのではないか。かつて自分を捨てたシッダールタ＝ブッダに対する怨みつらみの気持、場合によっては激昂した言葉や呪詛を含んだ言葉を聞いて、それを柔らかく包みこみ慰撫《いぶ》することのできた人間だったように思う。彼に冠せられた「多聞第一」という美称も、実はそういうアーナンダの優しい、柔軟な性格に対するものだったのではないだろうか。

「怨みをいだいている人々のあいだにあって怨むこと無く、われらは大いに楽しく生きよう。怨みをもっている人々のあいだにあって怨むこと無く、われらは暮していこう。」　（ダンマパダ・一五─一九七、中村元訳『ブッダの真理のことば　感興のことば』）

ブッダも、このように言っているではないか。

最後の旅

ここで私があらためて思いおこすのが、ブッダの「最後の旅」である。入滅（死）を前にしたブッダがアーナンダを連れて最後の遍歴をしているときの記録である。初期経典の一つとされる『大般涅槃経《だいはつねはんぎょう》』（大パリニッバーナ経）がそれであるが、これはブッダとアーナンダの関係を知るうえで絶好の資料である。ブッダの入滅にいたるプロセスが細かに描きだされているとともに、入滅後のブッダを荼毘《だび》に付す場面、ブッダの遺骨（仏舎利《ぶっしゃり》）を分け、塔を建ててそこに納めるまでの葬儀の場面が、詳細に記されている。

アーナンダはそのブッダの最後の旅に随従し、ブッダの最期を看取っている。その一部始終を描きだしているのがこの『大般涅槃経』なのだ。それだけにそのすべてを目撃していたアーナンダの体験は、他の弟子たちに対して衝撃的な意味をもっていたにちがいない。中でもラーフラにとっては、さらに決定的な影響を与えるものではなかっただろうか。

さきにもふれたことであるが、ブッダは最期のその瞬間を迎えようとしたとき、弟子たちに対する遺言として、後世に伝えるためつぎのように言ったという。

「法灯明、自灯明。

（自分の死後は法（ダルマ）を拠りどころとし、自らを拠りどころとせよ。）」

（大パリニッバーナ経・二─二六）

この言葉をラーフラは、もしかするとアーナンダの口を通して聞いていたかもしれない。

それとも父ブッダから直接聞いたのだろうか。そのときラーフラは、何を思ったか。自分を捨てた父ブッダにこだわるラーフラの世界から、彼ははたして自立を果たしていたであろうか。仏弟子の羅睺羅としてゆるぎない地歩を固めていたのか。捨て子ラーフラが、長い道程《みちのり》を経て仏弟子羅睺羅へと変容しつつある自らの人生が、そのとき大写しになって彼自身の心の鏡に浮かびあがっていたかもしれない。

聞くアーナンダ、見つめるブッダ

私はアーナンダが、ラーフラの言うことを、いつでも聞いて、聞いて、聞くことに徹している姿を思いおこす。何かことがおこるたびに、気持が落ちつかず、不安にかられてアーナンダのもとに駆けつけて話しかけ、語りつづけ、そして愚痴や不平を言いつづけているラーフラの姿が浮かんでくる。それを黙ってうなずきながら聞きつづけるアーナンダの姿が、それに重なる。アーナンダの、ラーフラを柔らかく押しつつむような静かな姿勢である。

捨て子ラーフラが仏弟子羅睺羅になることを可能にした、もっともベーシックな体験がそこにきざしたのではないかと、ふと思う。そしてその二人の関係をはらはらしながら、じっと見つづけていたブッダの隠された視線を、その背後に感ずるのである。「ああ、多聞の阿難」というつぶやきが、そのブッダの口元から自然にもれていたのではないだろうか。『大般涅槃経』というブッダの最後の旅に点滅する、目には見えない光景である。その意味でもこのテキストは、ブッダ八十年の生涯の最後を飾るドキュメントであるといっていい。ブッダ父子の苦難にみちた長い、長い道程が、そこで語られるブッダの言葉を通して伝わってくるようだ。

そのとき、その一つひとつのブッダの言葉にじっと聞きいっているのは、むろんアーナンダである。しかしアーナンダに対して語りつづけてやまないブッダの言葉は、もしかするとそのアーナンダの脇に控えていたかもしれないラーフラに向かって投げかけられていたのではないか。ブッダはこのとき、アーナンダに語るとともにラーフラに向かっても語りかけていたように、私には思えてならないのである。

ブッダ入滅の最期を迎えるそのとき、沙羅双樹《さらそうじゅ》が、時ならぬのに花を咲かせ、満開となった。その花がブッダのからだに降りかかり、天からはブッダを供養するかのように栴檀《せんだん》の粉が降ってきた。天上の音楽までが虚空で奏でられはじめた。

このとき、ブッダはつぎのように言ったという。

「しかし、アーナンダよ。修行完成者は、このようなことで敬われ、重んぜられ、尊ばれ、供養され、尊敬されるのではない。アーナンダよ。いかなる修行僧、尼僧、在俗信者、在俗信女でも、理法にしたがって実践し、正しく実践して、法にしたがって行なっている者こそ、修行完成者を敬い、重んじ、尊び、尊敬し、最上の供養によって供養しているのである。」

（大パリニッバーナ経・五―三、中村元訳『ブッダ最後の旅』）

くりかえしブッダの口から発せられる「アーナンダよ」という呼びかけの声を、「修行僧」の一人であったラーフラは、アーナンダのそば近く侍して、わがことのような思いで聞きいっていたのではないだろうか。

父ブッダに二度も捨てられたラーフラは、はたしてその後どのような人生をたどったのか、それが問題であった。ラーフラはその父を怨みもし、憎しみに身を焼くときもあったであろう。

しかし、そのいばらの道を行くような生活の中で、いつしか父ブッダと父をとりまく出家者集団に惹きつけられるようになっていた。

さまざまな個性をもつ修行者たちの集団である。はじめはおずおずと近づいていったかもしれない。しかし気がついたとき、父を師と仰ぐ集団の中で生きていこうという気持がつよくなっていた。

彼はその仏弟子たちの言動を通して、父の存在に少しずつ近づいていった。父が何を考え、何をめざして生きているのか、それが少しずつわかるようになった。父からへだてられ、疎外されていたラーフラが学びはじめるようになったのである。仏弟子たちの指導のもとに学び、しだいにブッダの説く教えに目を開かれていったのではないだろうか。

彼はブッダの何を学んだのか。ブッダの思想をどのように受けとったのか。次章においては、そのブッダの思想について検証してみることにしよう。

第三章　ブッダの思想の真髄とは、どのようなものであったか

わが骨にかかずらうな

ブッダの教えとは何であったか、またそれは、ブッダの死後どのように伝えられていったのか。それがつぎのテーマである。

このことを考えるにあたって、まずふれておかなければならないことがある。ブッダの死（涅槃《ねはん》）の場面においてブッダが言いのこそうとしたことについてだ。それが前章の最後に掲げた『大般涅槃経《だいはつねはんぎょう》』（大パリニッバーナ経）の中に出てくる。

涅槃の間近いことを知ったアーナンダがブッダに聞いた。

「尊い方よ。修行完成者のご遺体に対して、われわれはどのようにしたらよいのでしょうか？」

「アーナンダよ。お前たちは修行完成者の遺骨の供養（崇拝）にかかずらうな。」

（大パリニッバーナ経・五―一〇、中村元訳『ブッダ最後の旅』）

おそらくそれがブッダの本心だったのだと思う。ブッダのそれまでの言動をみればそう考えるのが自然である。

師ブッダの言葉を遺言のように聞いて、アーナンダはいわれた通りにことを運ぼうとしたにちがいない。しかしながら、彼はそうすることができなかった。なぜなら、ブッダの弟子たちや信者たちの要請に引きずられて、当時の王侯貴族が行なうような葬儀の手筈《てはず》をととのえなければならなかったからである。また葬儀のあと、焼けのこったブッダの遺骨（仏舎利《ぶっしゃり》）を八つに分割して、それぞれを塔（ストゥーパ）に祀る仏塔崇拝の機縁を結果としてつくってしまったのだ。

ブッダの最後の言葉、すなわち「遺骨の供養（崇拝）にかかずらうな」が具体的にどのようなことを意味していたのか、それは必ずしも明らかではない。しかしながら盛大な葬儀を行なったり、遺骨を八等分して崇拝の対象にするようなことをブッダが考えていたのでないことは明白である。

アーナンダの裏切り

ブッダの死後、そのブッダの重要な遺言は守られなかったのである。忠実な弟子であったはずのアーナンダも、ブッダの遺志を守ることができなかった。それだけ有力な弟子たちや信者たちの発言力が大きな影響をもちはじめていたということであろう。アーナンダといえども、そのような圧力を拒否できなかったということだ。

しかし考えてみれば、弟子たちや信者たちの願いがあまりにも強かったために、その願いや想いがやがて、ブッダの教えを中心とする教団を発展させることにつながったのである。生前にブッダがときにふれて話していたことが集められ、文字化され、経典の形をとるようになっていく。ひとたび文字化されれば、こんどはその一つひとつの文字や言葉の意味をめぐって、いろいろな解釈が生まれてくる。そこから学派のようなもの、宗派のようなものができあがっていった。

やがて伝道がはじまる。学派や宗派ができれば、それぞれのセクトの勢力を拡大するための活動が展開される。地域を超え種族の壁を破って、その輪が広がりだす。伝道活動の中で新しい地域や種族の文化が取りいれられ、ブッダの教えに変化が生じ、新しい彩りがそえられていった。インド国内の諸地域はもちろんのこと、北は中央アジアから中国、朝鮮半島、日本へ、そして南はスリランカから東南アジアの各地へと、ブッダの教えが、さまざまな挑戦を受けながら発展していくのである。

そのような意味において、仏教の発展はブッダの死（涅槃）とともにはじまったといっていいのである。ブッダの死後、その遺志を継承する形で広がり、そしてまたその遺志を裏切る経過をたどって、世界に広まっていった。アーナンダの裏切りが布教の拡大につながったという、仏教の歴史における最大の逆説がそこに発芽するのである。

自己を捨てる

もう一つ考えなければならないことがある。ブッダの悟り、すなわち成道《じょうどう》の意味についてである。ブッダはこれまで述べてきたように、二十九歳のとき家を出て遍歴遊行の旅に出た。そして六年にわたるその「林住期」的な生活を経て、三十五歳のときブダガヤで瞑想に入って悟りを開いた。ブッダ＝覚者になったのである。家出をした一介の修行者が、はじめて「聖者」の境地を手に入れたのである。「遁世期」的生活、すなわち聖者の道がそこから開けていった。

もしもそうだったとすれば、その覚者への道はどのような旅であったのかという問題がつぎに出てくるであろう。そこでは、人間の世俗的な欲望をさまざまに制御しようとする努力が積みかさねられていたはずだ。端的にいえば、「自己を捨てる」という課題にいかに挑戦するか、ということだったのではないだろうか。子を捨て妻を捨て、家を捨て、そして共同体を捨てて歩きはじめた放浪者は、そのときすでに、それが「自己を捨てる」ことにつながる行為であることに気づいていたと思う。

ブッダはブダガヤで、菩提樹の下に坐って悟りを開いたとき、子どもを捨てて遍歴の旅をつづけてきた自分が、最終的に自己をも捨てなければならないことを知ったのである。それが菩提樹下における「悟り」ということの内実だったのではないか。

「あらゆるものにうち勝ち、あらゆるものを知り、いとも聡明で、あらゆる事物に汚されることなく、あらゆるものを捨て、妄執が滅びて解脱《げだつ》した人、——諸々の賢者は、

かれを〈聖者〉であると知る。」(傍点、筆者)

(スッタニパータ・一―二一一、中村元訳『ブッダのことば』)

いずれにしても、「捨てる」ということが、いぜんとしてここでのキーワードである。それが、シャカがブッダに転生するためのキーワードであった。「家」を捨てて「自己」を捨てることを成しとげていくまでの長い旅が、そこからはじまる。あらゆるものを捨てるための旅である。そしておそらくそのような父ブッダの姿を、ラーフラはじっとみつめるようになっていったのではないだろうか。父ブッダの背中をみつづけているうちに、それがしだいに師の背中にみえてくるようになったのではないか。

ブッダは、その捨てるための旅の中で家族という名の血縁を捨て、村という地縁を捨てていった。そのための最初の第一歩が、わが子を捨てるという行為だった。わが子を捨てて、荒野に出ていく旅が開始されたのである。いずれその捨てたわが子も、自分のあとをついてくるときがくる、と信じるから……。

ともかくも、それは異文化のあいだを遍歴するひとり旅だった。自分の脚だけを頼りにする行脚《あんぎゃ》のひとり旅だ。長い、長い時間を、自分の影だけを道連れにして歩く。自分の影だけを話し相手にして歩きに歩く。その行脚の果てに、やがて菩提樹下の悟りの奇蹟が訪れる。

このようにみてくるとき、まず、ブッダの死＝涅槃を機縁にして仏教の歴史が新しくはじまったということがわかる。その仏教の発展の中で、こんどは悟りにいたるまでのシャカの遍歴の時代が顧みられるようになる。子を捨て、家を捨て、そして最後に自己を捨てるまでのブッダの内面に光があてられるようになる。そこから、仏教のさまざまな思想的課題が浮かびあがってくる。ブッダ＝シャカにおける死と遍歴という二つのキーワードであるといっていい。

これまで、ブッダの死すなわち涅槃ということを問題にしてきたが、それでは、この涅槃という事柄はいったいどういうことか。

仏教では、知られるようにブッダの死を「涅槃 nirvāṇa（ニルヴァーナ）」といってきた。サンスクリット語では火が消えることを意味するが、のちに「悟りの境地」を指すようになった。

ところがキリスト教では主の死に対して、そのような考え方は存在しなかった。なぜなら、イエスの十字架上の死は「犠牲」を意味していたからだ。彼は人類を救うために犠牲になった、と解釈されたのである。「涅槃の宗教」は、地上に静かに横たわるブッダの死＝涅槃からはじまったが、「犠牲の宗教」は、血塗られたイエスの死＝犠牲から創始されたのである。

乾いた大地に行脚して

ブッダはインド最北端（現在のネパール）のルンビニーに生まれた。やがて出家して旅に出発し、ガンジス河の中流域で伝道活動を開始した。最後はガンダキ川沿いに北上し、クシナガラで入滅している。ときに八十歳であった。その遍歴行脚に明け暮れた道程《みちのり》は、かりにルンビニーとガンジス中流域のあいだを五百キロとすると、一往復するだけで一千キロにのぼる。

このブッダの歩行距離の意味は重大である。ブッダの思想も信仰も世界観も、この歩行遍歴の生活の中で鍛えあげられたと考えられるからだ。今日、ブッダの伝道地域をたどってみればわかるが、一帯には草木や森が乏しく、どちらかというと砂漠的景観に覆われている。その乾燥しきった大気が、訪れるものの全身から水分を吸いあげていく。二千五百年前のブッダの時代も、それはあまり変化がなかったのではないだろうか。

その歩行=行脚に明け暮れる生活の中では、むろん多くの人びととの出会いがあったであろう。悩める人びととの出会いの中で、さきにもいったような「魂の看取《みと》り」の仕事についたこともあったはずだ。

ブッダの遍歴遊行の生活を考えるうえでまず念頭においておかなければならないのが、その歩きつづけた地域が、乾燥した砂漠的な環境に取りかこまれていたことである。ブッダの仏教が乾いた環境の中で形成された、乾燥した宗教だったということだ。それはおそらく彼の根本思想に反映し、彼の世界観や人間観、さらには自然観にまで深い影響を与えたにちがいない。また、これからあとに述べるように、ブッダの仏教が中国の仏教や日本の仏教と異なるゆえんも、多くはそこに由来するであろう。

第二に考えなければならないのが、ブッダがブダガヤにおける最後の瞑想に入るまで、さまざまな試行錯誤の旅の中にあったということである。試行錯誤ではあっても、自由にものを考える長い時間がそこには流れていた。激しい身心訓練に熱中することもあったであろうし、またリラックスした気分の中で新しい問題に直面することもあっただろう。その過程で当然のことながら、頭の中では多種多様の思考実験をくりかえしていたにちがいない。それがいよいよ最後の段階になって、ブダガヤの菩提樹の下の瞑想へとつながっていく。自己と世界についての思考が焦点を結び、仏教のもつ根本的な世界観ともいえる「縁起《えんぎ》」の理《ことわり》と「四諦八正《したいはっしょう》（聖）道《どう》」の実践が形をあらわす。そして、輪廻《りんね》や五蘊《ごうん》（色《しき》・受・想・行《ぎょう》・識）に関する世界観が紡ぎだされていったのだ。

その彼の瞑想には、むろん神秘的な体験に類したものがあらわれないわけではない。しかし、瞑想するブッダは同時に悩めるブッダであり、考えるブッダであった。彼はそのとき自己と人間と世界について根元的な思考をめぐらしていたのである。ここであえて想像の翼を広げれば、ブッダにおける「デカルトの時間」といってもいいだろう。古来彼の仏教が、宗教的信仰というよりは哲学的認識に近いとされてきたゆえんである。

さきにもふれたように、ブッダの教えは乾燥した環境の中で形成された「乾いた仏教」であった。おそらくそのことと、彼の仏教が哲学的傾向をもつということとのあいだには深い関係がひそんでいるのである。

一千年という時を経て

ブッダの教えがこの日本列島に到達したときは、ブッダの死後すでに一千年の時間がたっていた。ブッダの入滅（前五世紀）から欽明《きんめい》天皇の仏教初伝（後六世紀）までの千年である。ブッダの考えた教えはすでに変質していただろう。ブッダが考えた教えと、日本人のわれわれが考えてきた仏教とのあいだに、大きなへだたりがあったということだ。

まず、風土の差が横たわっている。そのうえ、民族の歴史や文化の違いがあった。そして何よりも時代の相違が大きく作用している。

欲望のコントロール、すなわち自己を捨てるという課題一つをとっても、根本の考え方、実践の方法などについてそれぞれに固有の特質をきわだたせているのである。

だから、この千年の意味を軽く考えてはいけないだろう。しかもその伝播の過程で、仏教はガンダーラ地域など西北インドでギリシア文明やキリスト教文明と接触している。中央アジアの回廊を通過するあいだに、北方遊牧民の異風な生活文化と遭遇している。中国、朝鮮半島へと進出するや、漢字文化圏のつよい洗礼を受けている。単なる仏教の変容などという生やさしいものではなかっただろう。

ときには教えの中枢にくさびが打たれ、ときにはその骨格が砕かれ血を流すような事態が発生したにちがいない。なぜこんなことをいうかといえば、われわれの先祖たちもこの日本列島に到達した仏教を、自分たちの背丈に合うような形で受容してきたからである。そのプロセスの全体を、もしも天上のブッダが眺めおろしたとしたら、おそらくその変化のあまりの激しさにびっくり仰天するはずである。

ここで、一つの仮説を提出してみよう。枝葉をはらっていえば、インド人のブッダが悟ったことの中心の内容は、やはり「四諦八正道」と「縁起」の原理だった。それに対して、われわれ日本人の平均的な仏教理解の基本はといえば、結局は、「無常感」と「浄土希求」の意識に帰着するのではないか、と私は思う。肝心のところをいえばそうなる。

むろん日本の仏教に四諦八正道と縁起の理法が知られていなかったわけではない。しかしそれは、第四章に述べるように、ついに日本仏教の血肉と化すことはなかった。外来の仏教思想が日本人の心の襞《ひだ》にまで深く浸透したのは、無常感と浄土イメージをおいてほかにはなかったと考えられるからだ。

形あるものは滅びる

ところでこのような無常感や浄土のイメージは、インドのブッダの教えの中ではどのように説かれていたのであろうか。意外なことに、ブッダの教えの中に浄土のイメージが宿ることはまったくなかったのである。人間の死後、浄土におもむくなどということを、ブッダは考えもしなかったということだ。それだけではなかった。ブッダのいう無常は、そもそも日本人が抱いていた無常感とはまるで異質のものだった。

ブッダの言葉に耳を澄ませてみよう。

「世の中は泡沫《うたかた》のごとしと見よ。世の中はかげろうのごとしと見よ。」

(ダンマパダ・一三―一七〇)

「『一切の形成されたものは無常である（諸行無常）』と明らかな知慧をもって観るときに、ひとは苦しみから遠ざかり離れる。これこそ人が清らかになる道である。」

（同右・二〇—二七七）

「たとい百歳を生きたとしても、終《つい》には死に帰着する。老いか、病いか、または死が、この人につきそって殺してしまう。」

（ウダーナヴァルガ・一—二〇）

（以上、中村元訳『ブッダの真理のことば　感興のことば』）

乾いた無常である。——世の中に永遠なるものは一つもない。形あるものは必ず滅する。人は生きて、やがて死んでいく。無常の三原則である。その三原則をブッダは客観的に、そして鋭く説いている。哲学的な無常観である。有無を言わせない、断定的な響きがこだましている。

このことは、『平家物語』に流れている無常感の世界と比較すればただちにわかるだろう。その冒頭に登場する「祇園精舎の鐘の声、諸行無常の響きあり」の文章に接するだけで、日本人に愛好された無常感がいかに詠嘆的で、しかも湿った叙情性に彩られているかがわかる。無常の「響き」が両者のあいだでまるで違うのである。

ブッダの説いた無常観は、日本人の愛好する叙情性に富む、湿った無常感ではなかったということだ。端的にいうと、わが国の仏教は無常感がそうであるように、「湿った仏教」だった。それに対してブッダの仏教すなわち原始仏教といわれるものは、砂漠的風土の影響を受けた「乾いた仏教」であった、ということに注目しなければならない。

モンスーン・アジアの東西で

巨視的にみれば、インド亜大陸は稲作文化圏と小麦文化圏の中間に位置している。すなわち雲南・アッサム地域を中心とする「東亜半月弧」と、ティグリス・ユーフラテス河を中心とする「肥沃《ひよく》な三日月地帯」のあいだ、といえよう。モンスーン・アジアと乾燥アジアの接点に立っているともいえる。そのモンスーン・アジアの最西端、すなわちほとんど乾燥アジアの小麦文化圏に接するあたりで、ブッダの「原始仏教」が形成された。

そこはモンスーン・アジアの稲作地帯であるから湿潤地域にはちがいないが、その湿潤性の度合いがきわめて低い地域であったことに注意しなければならない。ブッダの仏教が乾いた仏教であったことの風土的背景である。

古い仏典によれば、当時の水田耕作が、灌漑《かんがい》水路をつくり牛二頭に犂《すき》をひかせていたことがわかる。そのことが紀元前五〜二世紀ごろに成立したといわれる『ジャータカ（本《ほん》生経《じょうきょう》）』に記されている。また、ブッダの父は「浄飯王《じょうぼんのう》Śuddhodana（スッドーダナ）」といわれていた。浄らかな「飯odana」を有する王、ということだが、これは彼の領内で稲作が行なわれていたことを示すだろう。

このように考えると、モンスーン・アジアの稲作文化圏ということを想定した場合、インドの仏教と日本の大乗仏教が同じ仏教圏に属するとはいえ、それぞれ東西の極限に位置しているという見取図が見えてくるだろう。

私はさきに、ブッダの乾いた人間認識の基礎が四諦八正（聖）道と縁起の考えにあるだろうといった。日本人の湿った仏教とそこが違う、という仮説を立ててみたのである。その問題について、さらに立ちいって考えてみることにしよう。

欲望からの解放

ブッダは、四諦とは苦《く》・集《じゅう》・滅《めつ》・道《どう》の四つの真理（原理）のことだといった。人間の本質的なあり方、生き方をそのように秩序づけて説いたのである。自己を捨てるための四つの原理といってもいい。まず、ブッダ自身の言葉によって聞いてみよう。

「さとれる者（＝仏）と真理のことわり（＝法）と聖者の集い《つど》（＝僧）とに帰依《きえ》する人は、正しい知慧をもって、四つの尊い真理を見る。——すなわち（1）苦しみと、（2）苦しみの成り立ちと、（3）苦しみの超克と、（4）苦しみの終滅《おわり》におもむく八つの尊い道（八聖道）とを（見る）。」

（ダンマパダ・一四一一九〇〜一、中村元訳『ブッダの真理のことば　感興のことば』）

ここには「仏法僧《ぶつぽうそう》」と「四諦」と「八正（聖）道」のことが簡潔に説かれている。ブッダの根本的な立場である。四諦というのはブッダの言うように「四つの尊い真理」のことであるが、それを漢訳仏典では「苦・集・滅・道」といいあらわしてきた。

第一に人生は苦だ、という。第二に、人生が苦であるのは、ものにこだわるからである。執着・愛着を含めて欲望がつきないからだ。それを集という。したがって第三に、その一切の欲望を消滅させることが悟りの境地であるという。それを滅という。第四に、苦の消滅にいたるには、正しい生活＝修行を行なわなければならない。それを道という。そのための修行＝生活に八つの方法（八正道）があるというわけだ。

四諦のうちの「道」に、八種の方法があるということである。欲望へのこだわりから自由になれ。そのために、簡素で私心のない生活を送れ、それが自己を捨てることの究極の姿であるといっているのである。

ここで面白いのは、正しい生活を送れという勧告（八正道）が、最後にきている点だ。すなわち苦→集→滅→道である。一切の欲望から自由になった状態＝滅が、最終段階には位置づけられていないということである。つまり、苦→集→道→滅、とはなっていない。この点は、とくに注意しなければならないのではないだろうか。

なぜなら、まさにそこにこそ、ブッダの眼が輝いていると思うからだ。彼は、欲望からの解放それ自体に最後の価値をおいてはいない。そうではなくてむしろ、欲望からの解放に向かってかぎりない努力を傾注せよ、といっているからである。道→滅が重要なのではない。滅→道が人間にとって不可欠の生きる道なのだ、といっている。聖者（カリスマ）になること自体が目的であってはならない、聖者をめざす簡素にして誠実な生き方のほうがはるかに意味があり、重要である、といっている。

ここにブッダの人間観の本質が横たわっている。むろん仏教はその後、地域や民族の境界を超え、さまざまな風土の影響を受けながら発展していった。その過程で豊かな仏教思想を実らせていったが、しかし右に述べた四諦の原理を忘却するとき仏教は退廃の度を加え、逆にその原点に復帰するとき、仏教にルネサンスが訪れたことを思うべきである。

そこがあえていえば、砂漠の宗教としてのキリスト教やイスラーム教と、仏教が相違する点である。最高神を信ずる宗教と異なる特徴である。ブッダの教えが西欧人の目にしばしば「倫理」の体系と映ったり、「ライフスタイル」に結びつく人間学とイメージされてきたゆえんである。信ずる宗教に対して、生き方の宗教といってもいい側面である。ブッダの歴史的人格をもっともよく示すとされる『ダンマパダ（法句経《ほっくきょう》）』や『スッタニパータ（経集《きょうしゅう》）』のような経典を読めば、さきに引用したブッダ自身の言葉からもわかるように、そのことはただちに明らかになるはずである。

「色即是空」

ブッダにはもう一つ、重大な課題があった。さきにもふれた「縁起」の問題である。縁起とは、現実にあるものすべては、単に相対的な存在にすぎないという認識のことである。絶対的な判断を排除する思想といっていい。すべては相互依存的に存在している。それ自体で恒久的に存在しているような実体的なものは何一つない。老死も愛憎もすべては原因があり、因縁があってそうなると考える。そこから、一切のものはその本質において「空《くう》」なるものであるという認識が生まれた。

現象に執着すれば足をとられる。我をむきだしにしてそこにこだわれば、世界の本質は隠れ、人間の真実が見失われる。だから、縁起的な現象のすべては「空無」である、と考えたほうがよい。我を捨てよ、我執を放擲《ほうてき》せよ、とブッダは説いたのだ。われわれに親しまれている「色即是空《しきそくぜくう》」という言葉も、もともとはそのような縁起の考え方に由来することはいうまでもない。そもそも「形あるもの（色）はこの世界に存在しない（空）」ということだ。

ブッダがこの縁起の理法を体得したときのことは、さまざまに語られてきたが、ここではその情景を浮彫りにするエピソードを記しておこう。

「あるとき世尊は、ウルヴェーラー村、ネーランジャラー河の岸辺に、菩提樹のもとにおられた。はじめてさとりを開いておられたのである。

そのとき世尊は、七日のあいだずっと足を組んだままで、解脱の楽しみを享けつつ、坐しておられた。ときに世尊は、その七日が過ぎてのちにその瞑想から出て、その夜の最初の部分において、縁起〔の理法〕を順の順序に従ってよく考えられた。

『これがあるときにこれがある。これが生起するからこれが生起する。……』と。

〔中略〕

その夜の中間の部分においても、縁起〔の理法〕を逆の順序に従ってよく考えられた。すなわち、

『これが無いときにこれが無い。これが消滅するからこれが消滅する。……』と」

(『中村元選集〔決定版〕』第十一巻「ゴータマ・ブッダⅠ―原始仏教Ⅰ」
春秋社、三九三〜六頁)

この縁起の主張は、やがてインド仏教の中心的な主題になっていった。原始仏教から大乗仏教まで一貫して追求されるテーマになったのである。一切の現象は縁起によって成り立ち、したがって空《くう》である。そのことを体得するためにまず我を捨てよ、といっているのであるから、それは無我の仏教といわれるようになった。

ブッダ＝シャカは我＝エゴを本気で否定しようと考えたのだ。子を捨て親を捨て、妻を捨てて家を出たブッダがついに我の問題にぶつかり、その我を乗りこえるための生き方を考えるにいたったのである。難行苦行や瞑想によって我執を否定しきることができるとも考えたであろう。我を否定し、一切の執着から自由になったとき、「悟り」が訪れると確信したのである。

そのことに成功した人間が阿羅漢《あらかん》Arhanとか羅漢といわれる。聖者の道をまっしぐらに進もうとする修行者たちである。ブッダはその先頭に立つ人間だったといっていいかもしれない。

その阿羅漢の道を行くことが、ブッダを中心とする原始教団の目標になっていった。弟子たちもそれぞれの資質に応じて、その目標にむかって歩いていく。その兄弟子たちのあいだに立ちまじって、ラーフラもまた引きずられるようにして後をついていったのではないだろうか。父から捨てられた子ラーフラが仏弟子羅睺羅《らごら》へと成長していく旅がはじまったのである。そしていつしか、彼もまた「空」や「縁起」の考え方を受け入れていったにちがいない。

父王を殺した王舎城の悲劇

もう一つの課題が、右にのべた阿羅漢の道とともに浮上してくる。

今私は、インドの仏教は「我」の否定ということに最大の関心を払ったといったけれども、それはおそらく我の根底に人間の悪の問題がひそんでいるからではないだろうか。悪と罪への衝動をどのように抑制したらよいのか、消滅させたらよいのか、そこからも「我」と対決する課題が浮上してきたのだと思う。

それではインド仏教は、この人間の悪と罪についてどのような思索を重ねたか、そのことについて考えてみよう。このテーマをめぐって興味ある議論を展開しているのが『涅槃《ねはん》経《ぎょう》』や『観《かん》無量寿経《むりょうじゅきょう》』である。そこに、アジャータシャトル（阿闍世《あじゃせ》）を主人公とする物語、すなわち王舎城の悲劇が語られている。

古代インドのマガダ国（首都が王舎城）の王をビンビサーラ（頻婆娑羅《びんばしゃら》）といったが、王子のアジャータシャトルはブッダに反逆したデーヴァダッタにそそのかされ、父王を殺して王位を奪った。権力への誘惑に屈したのか、それともエディプス・コンプレックスからくる父親への憎しみを増幅させた結果だったのか。いずれにしろ、そこには父と子のあいだにわだかまっている感情の葛藤があったのではないだろうか。アジャータシャトルは父を許しがたい存在と思っていたのかもしれない。しかしのちになって、王子は激しい後悔の念に責められ、ブッダの下で入信するにいたる。仏弟子になったのである。そのときのアジャータシャトルの像が、私にはあのラーフラ、仏弟子になった羅睺羅のイメージと重なって見える。

ところで古く『無量寿経』や『観無量寿経』などの浄土系の大乗経典には「五逆罪」の問題が提起され、なかでも父・母殺しはその筆頭に数えられ、仏を傷つけるのと同等の悪行と考えられていた。そしてそのような罪を犯した者は、はたして宗教的に救われるのかどうか、の論議が発生したのである。むろん、ブッダ入滅後のことである。

この問題をはじめに提起したのが、さきの『無量寿経』や『観無量寿経』だった。大乗仏教の世界においてだった。ただその救済論の性格に関しては、両者の経典のあいだには重要な相違があった。なぜなら『無量寿経』では五逆罪を犯した者は救済から除外されると規定されているのに対し、アジャータシャトルの罪を論ずる『観無量寿経』では、たとえ五逆罪を犯したとしても、救済が可能であるとしているからである。

悪人の救済

以後、この極重の悪人が救われるかどうかの問題は、浄土往生の教えを中心におく浄土教だけの領域を超えて、大乗仏教の全体の流れの中でさまざまに論議されるようになった。たとえば一闡提《いっせんだい》(仏となる要因が備わらない者の意。最下層の被差別民)は救われるのか、宗教的な資質の劣ったものは救われるのか、といった救済論にまで広がりをみせるようになったのである。

悪とは何か。悪を犯した者は救われるのか、救われないのか。救われるためにはどうしたらよいのか。——そういった問題が自覚的に追究されるようになった。「善人」のための仏教から、「悪人」のための仏教への転換が生じたのである。大乗仏教の画期的な発展がそこからはじまったといっていいだろう。

ブッダがその悪人についてどんなことをいっているか。参照してみよう。

「まだ悪の報《むく》いが熟しないあいだは、悪人でも幸運に遇《あ》うことがある。しかし悪の報いが熟したときには、悪人はわざわいに遇う。」

（ダンマパダ・九―一一九、中村元訳『ブッダの真理のことば　感興のことば』）

仏教が日本に伝わる以前に、悪の問題が右のブッダ自身による「悪の報い」という言及を含めて、さまざまに説かれていたことがわかるだろう。

ちなみに、そのような「悪人」をどのようにして救済するかという議論については、仏教の伝統は日本にいたるまでにゆうに千年を超える歴史をもっている。そして、このテーマをわが国でもっとも鋭く受けとめ、深く思索したのが鎌倉期の親鸞《しんらん》だった。

彼の『教行信証《きょうぎょうしんしょう》』の中に、そのことが鮮明に論じられているのであるが、父殺しのような罪悪を犯した人間が救われるためには、まず阿弥陀如来《あみだにょらい》のような善知識（すぐれた宗教的指導者）の指導を受けること、そして本人の全身的な懺悔《ざんげ》の姿勢が必要であると、親鸞は説いたのである。

しかしこの親鸞が提起した問題意識は、その後の日本人によって正当に受けつがれることはなかった。日本の仏教はのちに述べるように、インドの仏教とは性格の異なる方向へ展開していったからである。

聖と俗とのはざまで

ふたたび、インドの宗教的風土に目を向けることにしよう。

インドを旅していると、不思議な人間に出会う。正業についているのかどうかが、まずわからない。ふらふらと、あてどもなくさ迷い歩いているようにも見える。定住地をもたない乞食《こつじき》のようでもあり、自由で気ままなひとり旅を楽しんでいるようでもある。そして、はっと気づく。彼らは林住期を生きる旅人たちではないか、と。

我《が》をどう処理したらよいか、悪をどのように制御するか、自己を捨てるにはどうするか。

ヒンドゥー教の伝統においても、そうした課題を抱えたまま林住期を過ごし、遊行期に入っていく人びとがいたのであろう。そのような伝統にしたがって歩いているような人びとに、インドではときに出会うことがあるのである。

林住期は、聖と俗の境界領域に位置づけられるから、単なる世俗でも、単なる脱俗、すなわち聖のステージでもない。俗にあらず聖にあらず、である。俗と聖の時間のあいだを往復する自由なモラトリアム期間といってもいい。聖者になるためのウォーミングアップ、あるいはリフレッシュした身心を発見して、ふたたび世俗に復帰するまでの猶予期間である。

この段階を、私は成熟のプロセスと呼んでもいいのではないかと思う。聖と俗の二つの世界に開かれたステージである。ヒンドゥー教が発見した叡智《えいち》といっていいだろう。そしてブッダもまた、さきにふれたように、こうしたヒンドゥー教でいう四住期の人生観から多くの生きる智恵を学んだのではないかと思う。その意味では、仏教はヒンドゥー教の嫡出子《ちゃくしゅつし》であったといえないこともない。

ただブッダは、その林住期的遍歴時代から遊行期的人生までを送る中で、しだいに独自の思索を深めていった。さきに述べた四諦八正道や縁起の考え方を身につけていったのである。無我の思想に開眼したのもおそらくその過程においてであった。彼はヒンドゥー教の人生観の産湯をつかいながら、新しい仏教の世界を創りだしていったのである。

それだけではない。仏教はやがて、このようにして遊行期の第四ステージに入った修行者を阿羅漢と呼ぶようになった。厳しい身心訓練の果てに悟りを開いた者たちのことだ。だがむろん彼らは、単なる血の気の失せた脱人間などではなかった。なぜならこの阿羅漢は、四住期にいう第三林住期の、成熟と自己開発のための充電期間をもっていたからだ。それはしばしば誤解されるような、難行苦行の果てに行きついた単なる「生ける屍《しかばね》」の状態だったのではないのである。

ヴァーチャル人間から真実人間へ

もう一つ、この阿羅漢について考えておかなければならないことがある。仏教における聖者の意味についてである。

世界のどこにおいてもそうであるが、現実の社会は差別にみちみちている。とりわけインドでは、カースト制度という世界最強の人間差別の装置がつくりあげられてきた。今日のカースト差別がそのままの形でブッダの時代にもあったわけではないが、その原型になるものがすでにできあがっていた。ヴァルナ（色＝人種または職業）にもとづく差別の体系である。そのヴァルナ的な人間差別の壁をどう乗りこえるかというのが、ヒンドゥー教でも大きな課題であったが、ブッダの教えにおいては、さらに重要な課題であった。

その結果、インドの「宗教」がめざした思想は、つぎのようなものだった。すなわち、カースト（ヴァルナ）的差別の中に生きている人間は真の人間ではない。それは単なるヴァーチャル人間、幻影人間にすぎない。生ける屍といってもいい。それに対し、そのような差別の体制から自由になった真の人間が、聖者《サヌヤーシン》であり阿羅漢《アルハット》である。

サヌヤーシンとはさきの四住期で最後の遊行期に到達した人間をいい、アルハットはいうまでもなく悟りを開いた人間のことだ。つまり現実の差別的体制が容易には変更できないものであるとすれば、その現実社会への一切の希望と執着を捨てた「聖者」こそそれを乗りこえる生ける聖者だ、というわけである。

幻影人間から真実人間への転換である。ヴァーチャル人間からリアル人間への蟬脱《せんだつ》である。世界最強の差別社会が生みだした観念の逆説であるといっていいだろう。

この逆説には絶望と希望が表裏一体となっている。地獄と天国が合わせ鏡になって人生の諸相を照らしだしている。ブッダの教えの悲劇的な深さ、といわなければならない。その現実の悲劇に耐えることで、ブッダは悟りの結果=阿羅漢果《あらかんか》を手にすることができたのである。

その困苦にみちたいばらの道を知るためには、やはり四住期の考えが役に立つだろう。とくに、その第三の林住期がもつ危機的な意識の重要性がわかるだろう。それは現実と非現実、人間と脱人間をめぐる果てしない精神的格闘の時間を意味しているからだ。

そのことを実際に肌で知るためには、今日のインドを自分の足で旅すればよい。汚濁にまみれたガンジス河に行き、そこで沐浴《もくよく》するヒンドゥー教徒たちの恍惚《こうこつ》の表情をうかがって見るだけでもいい。インドには都市であれ農村であれ、いたるところに「地獄」と「天国」が口を開けて待っている。差別の階梯《かいてい》がどこまでもつづいている。その惨酷な姿がいやでも目に入るはずだ。

日本の都会に住むわれわれのような人間には、把握不能の世界である。近代的な衛生社会に暮らす人間だけが現実の人間だと思っている向きには、そのことがとくに実感されるにちがいない。

インドの大地が阿羅漢という聖者の型をつくりださずにはおれなかった背景である。サヌヤーシンという現世離脱者の可能性を追求するほかはなかったインド的現実が、そこにあったといっていいだろう。

脱人間的存在となったブッダ

しかしながら、この阿羅漢という聖者は、ブッダの死後、大衆の救済を最終目標とする大乗仏教の段階になって人気を失っていった。彼らは単なる一介の仏道修行者の地位へと転落していった。それだけではない。このような阿羅漢中心の仏教は、後世になって「小さな乗り物」を意味する「小乗仏教」と蔑視されるようにもなったのである。阿羅漢は完全な仏あるいは菩薩《ぼさつ》とは一線を画すところの、不完全な仏弟子とみなされるようになった。

なぜなら大乗仏教のイデオロギーにおいては、自分ひとりで悟りを開くという生き方が独善的なものと批判されるようになったからだ。その一種の聖者エゴイズムが糾弾されるようになったのである。阿羅漢とは他者の救済に関心をもたない自己中心的なエゴイスト、というわけである。

そのような単独修行者のことをしだいに声聞《しょうもん》とか縁覚《えんがく》とか呼びならわすようになった。単なる聖者エゴイズムは、自己のことしか考えない「生ける屍」とみなされるようになったのだ。

このような大乗仏教的な新しい聖者観の中から、ブッダの弟子たちを称して阿羅漢と呼ぶようになったのである。仏の弟子たちは、完全な悟りを開いたブッダの精神的属性の一部を継承する限定的な聖者、すなわち阿羅漢と考えられるようになった。仏の弟子に十人を数える十大弟子イメージが、こうしてできあがる。イエス・キリストに十二使徒が数えられているのに対応するだろう。完全なる人間（ブッダ、イエス）を継承する限定人間、――それが十大弟子になり、キリスト教では十二使徒になった。

この十大弟子すなわち十人の阿羅漢システムができあがっていく一方で、仏そのものが理想化され神秘の衣をつけるようになった。完全なブッダ、すなわちブッダの脱人間化の試みといっていい。ブッダが目に見えない超越の高みにのぼっていった。他方、仏弟子たちのほうも数を増し、十六羅漢からやがて五百人の修行者、すなわち五百羅漢を数えるようになる。仏教が地域や民族を超えて広がる過程で生じた変化である。仏教の大衆化といっていいし、それが仏教の大乗化の過程でもあった。この仏教の大乗化の中で、現実の歴史的なブッダは理想的な仏（＝法身《ほっしん》）として祀りあげられ、それに対して未完成の修行者の群れ（＝五百羅漢）が大衆レベルで勢力を得るようになる。

ブッダの教えはやがて多数の信者を獲得し、教団を形成するようになった。民族や地域を越えて広がるにつれ、さまざまな宗派を生みだした。そして、これらの宗派に属する思想家たちは理論派であれ実践派であれ、それぞれ特色のある論書をあらわし、固有の運動を展開していった。その中から開祖とか宗祖といわれる宗派的なカリスマが出現し、こんどはそれを中心に組織が拡大したり細胞分裂をくりかえすようになる。

しかしその過程で、ブッダが迷えるシッダールタであった時代の記憶や、遍歴放浪の旅にあったシャカの苦悩の時代の記憶が、しだいに薄れていったのも否定することができない。仏教が世界的に広められていく中で、仏教の原点的な風景が忘れられていったのである。大乗仏教の新たな展開の中で、ブッダによる妻捨て子捨ての根元的意味がしだいに見失われていったといってもいいのではないだろうか。仏教の歴史にもやはり光と影があったのである。

インドでの仏教の衰退

しかし、仏教のそもそもの本拠地インドでは、どうだったのか。ブッダの教えはその誕生の地インドではどのような運命をたどったのか。よくいわれることだが、仏教はその本国においては千年以上もの長期にわたってほとんど命脈を絶つにいたった。

いったいどうしてそんなことになったのだろうか。むろんそこにいたるまでの原因は単純なものではなかった。十世紀前後を境に、インドに侵入してきたイスラーム勢力によるたび重なる襲撃、聖地の破壊ということが影響したかもしれない。あるいは仏教の理念、とりわけその平等思想が、ヒンドゥー教社会にゆきわたっていた「カースト」的な枠組とあい容れなかったということもあるだろう。そして何よりも、ブッダの教えそのものがしだいにヒンドゥー教の信仰体系の中にとりこまれ、その中に渾融していった事情も見のがすことができない。仏教はヒンドゥー教の胎内から呱々《ここ》の声をあげ、ふたたびその腹中に呑みこまれていったということだ。

ブッダの教えは、むしろ外部の北方世界や南方世界においてこそ仏教固有の特質を抱えこみながら新しい展開をとげることができた。皮肉なことに、そういう逆説を生きることで仏教は転生をとげ、発展することができたのである。同質的な風土を脱出して異質の民族や文化と遭遇することで、まったく新しい創造的な契機をつかんだと考えることもできるだろう。

第四章　ブッダの教えは、日本へどのように広まったか

アジアの周辺の国々へ

仏教の歴史はこれまでも述べてきたように、アジアの歴史と切っても切れない関係にあった。そしてそのアジアの歴史の舞台には、数かぎりない仏教僧や仏教思想家たちが登場し、姿を消していった。彼らの生き方もまた、アジアの風土の影響を強く受けたことはいうまでもない。また、その仏教僧や仏教思想家たちが活躍する社会的な環境もさまざまであった。それはいったいどのようなものだったのだろうか。時代の背景はどのような動きを示していたのか。

第一に考えなければならないことがある。仏教伝播の地域において、仏教が王権の確立や政治的な秩序の形成に大きな役割を果たしたということだ。インドではマウリヤ王朝やグプタ王朝、中国では後漢や唐の王権および元王朝の成立にとって、仏教が欠かすことのできない思想武器であったことを忘れてはならない。チベットの吐蕃《とばん》王国や朝鮮の新羅《しらぎ》王権の場合はもとより、スリランカやタイ、カンボジアなどに広まった上座部系仏教が、それぞれの地域で国家や社会秩序の形成に果たした役割は目ざましいものがあった。

日本では奈良時代に、聖武天皇が東大寺を建立して仏教国教化政策をとった。その後、平安時代になって最澄《さいちょう》が比叡山に天台宗を開き、空海《くうかい》が高野山に真言密教《しんごんみっきょう》を創始して鎮護国家の礎《いしずえ》を築いた。

第二に重要な点は、どの地域であれ、仏教の教えが民衆の魂の救済にとって幅広い有効なはたらきを示したということだ。ブッダの悟りは、すべての対象に対する執着を捨て去り、慈悲と中道《ちゅうどう》の生活をめざすところに特色があったが、それはどこの国においても政治支配の攻撃性を緩和することに貢献し、人心を安定させるのに役立ったのである。

第三に興味ある問題は、前章でもふれたことだが、仏教がキリスト教と同じように発祥の地では生きのびることができなかったことだ。そのうち、大乗仏教は西暦一世紀以降、中国に伝えられ、ついで朝鮮、ヴェトナム、日本へと伝えられた。しかしこれらの地域の仏教は、土着する過程で儒教や道教や神道《しんとう》の影響を強く受け、それとの同化、そして衝突や抑圧のプロセスを経て変質し、ついに確固とした大乗仏教文明を生みだすことはできなかった。

これに対し、原始仏教のライフスタイルを濃厚にのこすいわゆる小乗仏教、すなわち上座部仏教はスリランカ、ミャンマー、タイ、ラオス、カンボジアで受容され、その地域の生活様式全般に深い浸透力を示して、小乗仏教文明圏ともいうべきものをつくりだした。

旅をする僧たち

これまでも述べてきたことだが、仏教の歴史は、異文化の地域を横断して旅をする僧たちの活躍を抜きにしては語ることができない。彼らは仏教をさらに広い地域に伝えるうえで、実に大きな役割を果たしたからだ。異文化の地域に旅することでさまざまな危険を冒し、その困難な体験がしばしば仏教に新しい刺激と展開をもたらした。

中国からはるばるインドに旅し、おびただしい数の経典をもたらした法顕《ほっけん》や玄奘《げんじょう》のことは誰でも知っている。日本から中国に渡り、帰国後、日本の仏教に新紀元を画した空海、最澄、道元《どうげん》、などがいる。明治になって単身チベットに潜入し、経典をはじめ多くの文物を持ち帰った河口慧海《えかい》なども逸することができないだろう。

彼らの活動において旅の中の生活は、かつてブッダが敢行した「家出」の体験とどこかでつながっている。己れを捨てようとして遍歴の旅をつづけたブッダの伝統が、後代の旅する僧たちの孤独な背中に焼きついている。定住することをみずからに禁じたブッダの生き方である。彼の伝道活動は、歩きつづける旅の中で開花していったのである。

そのようなブッダの生き方の中から、その伝統を受けつぐ新しいタイプの修行僧が出てくる。仏教がそれぞれの地域で一定のステータスを得たとき、山中などに籠って、瞑想修行に打ちこみ、独創的な思索を深めるタイプの僧が登場してくる。彼らはしばしば仏教の創造的な発展に寄与し、新しい思想的流派の創始者となり、新時代の宗教運動の開祖、宗祖となった。

たとえば、インドの大乗仏教を大成した竜樹《りゅうじゅ》（ナーガールジュナ。二〜三世紀頃）。彼はこの世にあるものはすべて「空《くう》」であり、そこから離脱して「中道」の生き方を選ばなければならないと説いた。

そして世親《せしん》（ヴァスバンドゥ。五世紀頃）。彼はあらゆる存在には識《しき》（すなわち心）があるとし、それの変革をめざす方法を説いた。

また、中国には天台宗を確立した智顗《ちぎ》（五三八―五九七）がいる。そして、禅の飛躍的な発展をうながした達磨《だるま》（六世紀頃）、唐で学んだのち、帰国して新羅で朝鮮華厳宗《けごんしゅう》の初祖となった義湘《ぎしょう》（六二五―七〇二）、義湘とともに入唐するが途中で帰国し、独自の伝道活動をおこなった元暁《がんぎょう》（六一七―六八六）などもこのカテゴリーに入るだろう。日本ではさきに掲げた僧たちのほかに、法然《ほうねん》、親鸞、日蓮《にちれん》などがいる。彼らはいずれも旅の中の修行をみずからに課した僧たちであったが、同時に瞑想と反省によって独自の思想の体系を打ち立てた。

第三に、民衆のあいだに遊行し、福祉や病気治療などに霊験《れいげん》をあらわした仏教者の一群をあげなければならない。中国では高僧伝などにその事蹟が伝承されており、日本でも平安時代の空也《くうや》、鎌倉時代の一遍《いっぺん》、叡尊《えいそん》、忍性《にんしょう》などがこれに属する。彼らの多くは「聖《ひじり》」と称され、多くの民衆に尊敬された。このほか、山岳信仰（修験道《しゅげんどう》）の中から生みだされた山伏たちの活躍もつけくわえなければならないだろう。

最後に、仏教が歴史的に発展する過程で見のがすことのできないのが思想闘争、教義論争の歴史である。その結果としての、仏教自体の変容という問題であった。インドにおける密教の形成はヒンドゥー教との衝突、接触によるものだったし、中国禅の発生は道教や老荘思想との論争を抜きにしては語ることができない。

日本においては、宗教共存の典型例としての神仏習合《しゅうごう》や、すべての人間はそのままの姿で「仏」になっているとする本覚《ほんがく》思想の考え方が生みだされた。それらは神道や山岳信仰との衝突、融合の過程で生みだされた日本の宗教独自の考え方であったことに注意しなければならない。

明治時代における仏教とキリスト教の論争によって、その後の近代仏教が大きく変容したことも重要な点である。

さて、以上述べたことを前提にして、日本において仏教がこうむった変容と展開の諸相についてみていくことにしよう。

十大弟子に宗派をなぞらえてみる

仏教が世界へと広がっていく中で日本の仏教を概観すると、どういう光景が見えてくるだろうか。むろん日本の仏教が中国を経由し、中国仏教の影響下に成立したことはいうまでもない。ブッダの教えがインドから中国・日本へと歴史的な発展をとげ、変化をくりかえしてきたのである。

そのことについて、さきに述べた阿羅漢＝聖者の仏教的伝統、すなわちその人格的類型をふまえて、以下に略述しておこう。

細部を捨象していえば、奈良時代の仏教は法相宗《ほっそう》（法隆寺）や華厳宗（東大寺）によって知られるように、仏教の教義を論理的に研究する学問仏教だった。奈良の都で国家の保護を受けた法隆寺や東大寺は、いわば当時の国立大学の性格をもっていた。そういう点では、さしずめ「智恵第一の舎利弗《しゃりほつ》」や「論議第一の迦旃延《かせんねん》」の系譜をうけつぐ宗派であったといっていいだろう。人間救済のテーマが追求されなかったわけではないが、しかしそれ以上に空とか無、法とか識といった形而上学的な論題がとりあげられ、議論の対象とされたのである。

これに対して平安仏教は山岳の仏教として新しい自己を見いだすことになった。最澄が比叡山に天台宗を興し、空海が高野山に真言密教の根本《こんぽん》道場をつくったのにはじまる。奈良時代の都市仏教から、平安時代の山岳仏教への大転換である。

知られているように、日本列島の七割以上は山岳と森林に覆われている。その特異な風土との共棲関係をつくりあげることで、ブッダの教えが、しだいに日本人の心の中に浸透するようになったのである。空海の密教も最澄の天台教学も、ともに中国から学んできたものだったが、それが日本の山岳仏教として新たな展開をとげることになったのだ。山岳は世俗的な世界と切りはなされている。その静寂の地で瞑想し、身心を練磨する。だが平安時代の仏教の流れを全体として眺めれば、やはり空海密教の伝統が他を圧してきわだっていたといえるだろう。それというのも最澄が基礎を固めた天台宗も、やがて密教化の道を歩みはじめたからである。

この密教はまた、加持祈禱《かじきとう》の神秘的な威力によって支持された。それによって国家を鎮護し人びとの救済と幸福を約束すると説いて、当時の精神界にしだいに優位を保つようになった。論理よりも心理を介して人びとの心をつかもうとするところに密教の魅力があったといっていいだろう。今日の言葉でいえば、密教はさしずめ臨床心理学の役割を果たしたといっていいのではないだろうか。

そこで、仏弟子の類型をこれに対比すれば、「神通《じんずう》第一の目犍連《もくけんれん》（目連《もくれん》）」の系統を引くということになるかもしれない。

浄土教の広がり

これに対し、平安後期から鎌倉時代にかけて、しだいに浄土教の信仰が広がっていった。死後、人間の運命はどうなるのかという意識の深まりである。密教の目標が、たとえば即《そく》身成仏《しんじょうぶつ》、すなわち人間いかに生きて仏になるか、だったとすれば、浄土教がめざしたのは、人間いかに死ぬか、死んでのちどのようにして浄土での再生を手にするか、ということだった。この密教から浄土教への推移は、生の輝きにみちた光源氏の世界（『源氏物語』）から滅亡の運命を引きよせる平家の世界（『平家物語』）への転換を意味していたといっていい。法然、親鸞、一遍の流れである。それは、唯一の救済仏＝阿弥陀如来の声を聞く、というところにポイントをおいたという点で、「多聞第一の阿難《あなん》」の系譜をつぐ運動だったといえないこともない。

しかしながら、ブッダその人の教えの中には、さきにもふれたように、もともと浄土という観念がほとんど見いだせないのである。このことは、とくに注意しなければならないと思う。なぜならブッダとその直弟子たちは、人間の死後の運命にまったく関心を示してはいないからである。「多聞第一の阿難」が、ブッダの死の床に臨んで最後に聞かされた言葉が、「死後（死者）のことにこだわるな」というメッセージであったことは皮肉である。

禅と説法の宗派

このほかに、栄西《えいさい》や道元によって中国からもたらされた禅宗をあげなければならない。ほぼ同時代の日蓮によって説かれた日蓮宗の教えも重要である。これらは浄土教と並んで後世の日本人に大きな影響を与えた宗派である。

禅宗で説く座禅が、ブッダその人の瞑想体験にもとづくものであることはいうまでもない。そのブッダの瞑想は、ヒンドゥー教のヨーガの身心技法を取りいれたものだった。その意味では、仏弟子のうち「頭陀《ずだ》第一の迦葉《かしよう》」の路線を継承するものだったといっていいかもしれない。この禅の系統は、その後、能などの芸道、茶道や武道などを支える精神原理となっていく。

これに対して、日蓮によって打ち立てられた題目主義は、激しい「折伏《しやくぶく》」活動を通して、民衆のあいだに政治活動とみまがうばかりの世直し運動を生みだした。これは浄土教の中から発生した一向一揆《いっこういっき》の運動と並んで、日本社会の根幹をしばしば揺るがしたのである。さしずめ、「説法（折伏）第一の富楼那《ふるな》」の系統ということになるだろうか。

この日蓮宗の系統が幕末維新期以降、いくつかの有力な新宗教運動を発火させ、その担い手たちの心をつよくとらえて今日に及んでいることは印象的である。

これまで私は、日本仏教のあらましの流れを仏弟子＝阿羅漢のイメージを下敷きにしてたどってきた。それはあるいは一面的な見方であったといわれるかもしれない。そこでここでは、その流れを、日本人の仏教の個性的な特徴を浮かびあがらせるような形で、もう一度考え直してみることとしよう。そうすると、どういう光景が見えてくるだろうか。

心の浄化がもたらす無私の境地

さきに私は、インドの仏教の特徴は端的にいって「無我」の仏教だということをいったが、そういう観点からするとき、日本の仏教はどのような個性を示しているのだろうか。

面白いことにというか、はなはだ興味あることに、日本の仏教はインドで説かれたような「無我」の仏教を必ずしも積極的には受けいれなかったことがみえてくる。それどころか、インドのような「無我」の仏教を日本人はついに受けいれなかったのである。

なるほど無我という言葉や観念は、わが国でもテキストの上ではくりかえし説かれてきた。しかし日本の仏教者たちは、インド人が考えたように、そのことをその通りに実践しようとは考えなかったのではないだろうか。なぜなら日本の仏教者たちのほとんどは、「我」の否定よりもはるかに「心」の浄化という課題のほうに重大な関心をはらったからである。我の否定などという、普通の人間にはできそうもないことに深入りすることを自然に敬遠したのかもしれない。インド的な「聖者」の道とは別の行き方を選択したのである。

たとえば、最澄が好んだのは「道心」を大事にする生き方だった。道を求める心、である。同じように空海は「十住心《じゅうじゅうしん》」ということを重視した。人間の心には十段階がある。これは、本能のままに生きている低い動物的な心から密教の最高の心の状態までのことをいい、修行によってその心の階梯《かいてい》をのぼっていくことができると説いている。中世になって明恵《みょうえ》は菩提心《ぼだいしん》（＝求道の心）を説き、親鸞は信心を、道元は身心脱落《しんじんだつらく》（身体と心が自由自在になった状態）を重視している。日本仏教の第一の心得は「心」の探求であったことが、ここからだけでもわかるだろう。

いずれの場合も、重要なのは、人間の「心」は「我」のように否定されるべき対象ではない、それは浄化されるべきものだ、という認識が先行していたことである。我や我執は否定するほかないものかもしれないが、心は訓練によって浄化され成熟する、ということだ。そこからおそらく「無私」の境地が得られると考えたのだろう。心の浄化によって、無私・無心の精神を獲得しようとしたのだといっていい。

思えばそのようにして夏目漱石は「則天去私《そくてんきよし》」に近づこうとし、小林秀雄も「無私の精神」を手にしようとしたのである。「我」はもともと変化しにくいものであるが、「心」は変化する。油断すれば悪魔の心にもなるが、手綱を引きしめることで「悟り」の境地に達することができる。

このように考えてくるとき、インドの仏教が「無我の仏教」であるとすれば、日本の仏教は「無私の仏教」であったことがますますみえてくるだろう。日本の仏教徒たちは心の探求に関心を集中して、無心・無私を究極の価値とする日本型の仏教を創造しようとしたのである。

この心の探究という生き方を、十五世紀に入って一つの美意識というか芸術意志にまで高めようとしたのが世阿弥《ぜあみ》であった。彼のいう「初心」の考え方の中にそれをみることができるだろう。それだけではない。この「初心」の伝統は、やがて時を経て、日本人の宗教心や信仰心を育む地下水の役割を果たすようになっていった。現代日本における「心の教育」や「心の時代」なるキャッチフレーズも、そのような伝統と切りはなしては考えられないのである。

どこよりも大きな地殻変動――先祖崇拝

日本仏教の個性について、もう一つ、重要なことをここにつけくわえておかなければならない。これまで私はブッダの教えが多様に分岐し、それぞれの地域の風土や民族の特質に応じてさまざまな宗派を形成したことにふれた。まず南方に発展した戒律中心の上座部仏教、ヒマラヤ越えをしてチベットに伝わった高地ラマ仏教、そして中央アジアを経由して北方に拡大した大乗仏教、などの展開の諸相である。

あるいは教えの伝承の仕方からすれば、論理派から実践派まで、神秘的なセクトから社会派までの幅によって分類することもできるだろう。日本列島の範囲でいえば、天台、真言、浄土、禅、日蓮と、その個性的な流れを追うこともできる。

しかしながらその伝統の具体的な内容ということになると、実はブッダの教えは、この日本列島において重大な変容をこうむったのである。その一つが、さきにふれた日本における「無私の仏教」への変容という側面である。インド型の「無我の仏教」を必ずしも積極的には受容しなかったという性格のことだ。

そしてここでは、もう一つ重要な変化について指摘しておかなければならない。ブッダが想像もしなかったような変化である。南方仏教はもとより、中国や朝鮮半島の仏教も経験しなかったような地殻変動である。一口にいってしまうと、外部から伝えられたブッダの教えを包みこみ、その性格に重大な変化をもたらした「先祖崇拝」の作用である。土着の先祖崇拝とブッダの教えの統合、という固有の問題がつぎに発生することになった。

さきに私は、わが国において奈良、平安以降さまざまな宗派がつくられ、それぞれ教団が形成されたことを述べた。ところがまことに不思議なことに、それらの宗派は江戸時代の檀家《だんか》＝墓制度の確立とともに、しだいにその宗派的な個性を喪失し、ほとんどがひとしなみに先祖崇拝（あるいは死者儀礼）を基調とする「葬式仏教」へと変質をとげていったのである。そしてこの場合、先祖とは、端的にいって死者のことだった。

しかしながらこの死者は、単なる死霊や祖霊を意味するのではなかった。なぜならその場合、人間は死んで同時に「仏《ほとけ》」になると観念されたからである。こうして死者すなわち死者仏（あるいは単に仏）という信仰が、先祖崇拝の形をとって、ほとんど日本列島全域に及んでいったのだ。

日本で生まれた大乗仏教の形

そもそもブッダの教えにもとづく「仏」とは、瞑想と修行をくりかえして悟りを開く人間のことだった。のちにそれは理想化され、大乗仏教でいう「永遠の仏」という形而上学的な理念を生む。しかしこのいわば正統的な「仏」の考えが、わが国においては、ついに人の死（＝死者）に適用されることになったのだ。人間はすべて死すべき運命におかれている。その人間がすべて死んでのち「仏」になると考えたのである。

すべての人間が無条件で「仏」になれるのであるから、それは一面で、万人成仏《じょうぶつ》思想のようにもみえる。けれども、その場合、成仏は死後に約束されているのであるから、その点からすればむしろ、死者成仏思想といったほうがいいだろう。

インドの大乗仏教においては、もともと「一切衆生悉有仏性《いっさいしゅじょうしつうぶっしょう》」という思想があった。一切の生きとし生けるものはすべて生まれながらにして仏性がある。つまり、すべての人間が「仏」になれるというのである。そこからやがて「草木国土悉皆《しっかい》成仏」という思想が生まれた。この世にあるあらゆる有機物、無機物のすべてが成仏するのだという。この「一切衆生悉有仏性」も「草木国土悉皆成仏」もわが国の仏教の展開に大きな影響を与えたが、それがついに死者（＝先祖）成仏思想にまで行きついたのである。

そこには、死への不安と死からの救済、という根源的な思索と体験が積みかさねられていたとみなければならない。そして注意すべきは、われわれの祖先崇拝がこうした死者成仏思想の個性的な発現だったことである。それこそ日本の仏教が最後にたどりついた独自の大乗仏教、すなわち日本型の大乗仏教だったということだ。

カミとホトケの習合

もちろんこのような変化が生じた背景に、日本列島土着の古神道《こしんとう》に対する儒教や陰陽道《おんみようどう》の影響もあったであろう。とりわけ神道でいうカミ信仰が仏教のホトケ信仰と習合してきた歴史的背景はいつでも念頭においておかなければならない。『万葉集』などをみればわかることだが、人間は死んでタマ（霊、魂）またはカミになると信じられていた。ヒトは同時にタマであり、カミの似姿であった。カミはヒトの後身であり、タマの変化《へんげ》した存在だったといっていい。ヒト＝タマ＝カミの等式が成り立っていたのである。

そこへ仏教が伝えられ、死者は浄土としての山岳におもむくという信仰が発生する。死者の魂は山中に入り、そこで仏になると考えられたのだ。山を媒介にして神道的なカミと仏教的なホトケが重ねあわせられるようになった。死を媒介にして、ヒト＝カミ＝ホトケの等式が、そこで完成する。ホトケ＝死者仏の観念ができあがったのである。それが、のちに江戸時代になって練りあげられる先祖崇拝＝葬式仏教の原型的な風景である。

ブッダの教えが一千年の歳月を費してこの極東の果てに流れつき、最後に産みおとした思わぬ信仰の果実であった。

要するにインドの仏教は、中国や朝鮮半島に伝えられ土着化する過程で、儒教や道教の要素を取り入れて変化したということだ。やがて日本列島に伝えられると、今述べてきたように、さらに神道や山岳信仰と結びついて独自の仏教が形成されることになった。そこに風土の影響が大きく作用したこともさきにふれた通りである。

経典的な言説や観念的なレベルでは、仏教の考え方は、インドや中国、朝鮮や日本においてほぼ共通しているといえるだろう。しかし、民衆の心理のレベルでいうと、それは生活の場面で変容し、かなり違ったタイプの仏教信仰を生みだすことになったのである。

こうしていつのまにか、ブッダの人間としての影がだんだん希薄になっていった。インド大陸に誕生したブッダ像が、その本来の裸身を喪失していったといってもいいだろう。ブッダという人格抜きの日本仏教の新潮流が、大乗仏教の名において独特の発展をとげることになったということである。

日本における仏教パンテオン

仏教の世界で、魂の看取り手として活動するのはもちろん仏たち、菩薩《ぼさつ》たち、そして無数の神々であった。彼らは一種の宇宙家族を形成していた。

仏たちの一群が上位にランクされ、それをとりまくように菩薩グループが配され、その周縁部に多種多様の諸天諸神集団がキラ星のように散在している。彼らの多くは、中心に鎮座まします仏たちを守護する役割を果たすとともに、われわれ人間にとっては、それぞれが礼拝、祈願の対象となる。釈迦三尊、阿弥陀三尊、薬師三尊をみれば、それがよくわかる。その図像表現には、現実社会における師弟、親子の関係が反映しているといっていいだろう。

この宇宙家族イメージはまた、密教のマンダラにもっともよくあらわされている。この場合の宇宙主（あるいは家長）は大日如来《だいにちにょらい》である。仏、菩薩、諸天諸神を配置するコスモロジカルな構図は、この宇宙主としての大日如来を中心として美しく浮彫りにされたものだ。

インドの仏教は伝播する過程で、それぞれの地域や民族に崇拝されていた神々を吸収し、統合していった。その異文化地域の神々が仏教の世界観に包みこまれ、その宇宙家族の一員として仏の救済活動の一翼を担わせられるようになる。そして原始仏教は発展し、インド起源の仏たちが神話化されるようになる。すると伝播する各地で礼拝されていた神たちも神話化の洗礼を受け、仏教パンテオンの一翼としてそこに参加するにいたった。

その典型的な一例が日本における神仏習合の現象だった。しかし、この神仏習合という言い方は、少々手垢にまみれてしまった。その内実からすれば、むしろ神仏共存、神仏和合というべき性格のものだったと思う。

仏教の仏・菩薩たちは、もともとは外来のハイカラな神として日本に渡来してきた異風の神、すなわち蕃神《ばんしん》だった。ところがこれらの仏・菩薩たちは、たちまち日本列島の土着の神々と融合反応をおこした。その第一段階として土着の神々は、本体である仏・菩薩たちがこの世に身を現わした化身、生まれ変わりとみなされるようになったのである。そのような神たちと仏たちの融合反応の関係を「習合」といい、この関係を理論化したのが本《ほん》地垂迹説《じすいじゃくせつ》だった。

本地（仏・菩薩）とそこから生みだされた垂迹（神々）を上下の関係に結びつける考え方である。この場合の「垂迹」の神々は礼拝の対象であるとともに、仏・菩薩のはたらきの一部を担う神々とされたのである。

このような現象は、大なり小なり、中国仏教やチベット仏教の形成過程においてもみられるものだった。しかし日本ではやがて、神の領域と仏の領域がきれいに棲み分けられる神仏共存、神仏和合のシステムがつくられるようになったのである。

姿をあらわしたカミ、隠されたホトケ

つぎに考えなければならない問題は、礼拝対象としての仏像が土着の神道の影響を受けて、インド伝来の意味を変容させることになったことだ。日本列島土着の神々もまた、仏教思想の洗礼を受けてその性格を変化させ、新たな展開をみせたのである。これについても、もう少しくわしくみてみよう。

もともと日本の神々は、その固有の姿を見せない、目に見えない存在だった。なぜなら神々は森や山など天地自然の背後に隠れ、鎮《しず》まるものと信じられていたからである。とこ

ろが新しく渡来した仏教世界の主人公たちは、仏・菩薩であれ明王《みょうおう》グループであれ、みんな肉体性をもち個性的なはたらきをする、目に見えるいい存在だった。そのうえ、それらの仏、菩薩たちを祀るために絢爛《けんらん》豪華な寺院が建てられた。その衝撃があまりに大きかったためであろう、ついに神道の側も神の似姿である像をつくり、それを祀る恒久的な社殿をつくるようになった。

神々の世界が仏教の尊像たちのように、具象的な形式を獲得するようになった。目に見えない神々を、ときに目に見える神像の形にしたのである。それを神道の神々の「神像化」、もしくは「仏教化」の現象と呼んでいいだろう。

それに対して新来の仏教キャラクターたちもまた、日本神道による風土的な洗礼を浴びてその性格を変化させていった。その代表的な事例の一つが、特定の仏・菩薩の像を人びとの目から覆い隠す手法である。神々が森や山岳のかなたに姿を隠しているように、目に見える仏像を、目に見えない領域に隔離してしまう現象であった。それがすなわち、仏、菩薩の「秘仏化」ということだった。

たとえば法隆寺に祀られてきた救世《くぜ》観音菩薩《かんのんぼさつ》は、平安時代から明治初年まで人びとの目にふれない場所に秘蔵されていた。したがって、誰もその像を拝んだ者はいなかった。それが明治の文明開化期になって、フェノロサや岡倉天心の手によって白日の下にさらされることになったのである。

また、東大寺二月堂に祀られている十一面観音菩薩や善光寺の阿弥陀三尊も、その本体を見た者は今日まで誰もいない、という伝承に彩られている。それらの仏・菩薩は、あたかも神道の神々のように目に見えない神秘的なイコンとして、今日なお隠されつづけているのである。

このような「秘仏化」の波はとくに中世以降しだいに盛んになり、一年に一度、あるいは七年、十年、三十三年に一度のご開帳、といった形で公開される「秘仏」信仰を生みだすことになった。さきに述べた神仏習合の過程は、具体的にはこの「秘仏化」（仏教の神道化）と前述の「神像化」（神道の仏教化）の二つの作用によって、日本仏教独自の神仏信仰を形成することになったのだといっていいのである。

神仏和合の行きついたクライマックスである。

死んでホトケになる

さきに私は、ブッダの死＝涅槃によって仏教の歴史ははじまったといった。ところがその死の観念についても、その後に発展した日本の仏教は独自の考え方を生みだした。その問題についても、ここでふれておかなければならない。

かつてわが国の縄文人《じょうもんじん》や古代の人びとは、人の死後、魂が他界におもむくと考えていた。彼らが思いうかべた他界は山や森、川や海のかなたであった。『万葉集』に死者を悼む歌である挽歌がたくさん出てくるが、それをみればそのことがよくわかる。

死者の魂は山や森に宿ってカミとなり、あるいは海や水のカミになって鎮まった。やがてそれらのカミたちは無名の土地の精霊として祀られるようになったが、そのうち有力なカミが特定の集団のカミ（氏神《うじがみ》）として意識されるようになる。その氏《うじ》の神がやがて先祖の神として守護神的な礼拝の対象とされるようになった。不可視の霊魂が、人格化の洗礼を受けるようになったのである。

『古事記』や『日本書紀』にはさまざまな自然神や人格神が登場するが、それらの中に死んで葬られる神の一群がかなりの数にのぼる。ニニギノミコト、ヒコホホデミノミコト、ウガヤフキアエズノミコトなどは、みんな死んだのち地上の陵《みささぎ》に葬られているのである。やがてそれが皇室の祖神と意識され、手厚く祀られるようになった。系譜的な祖先崇拝は、こうした古代の有力王家（豪族）の祖神信仰を軸に発展し、しだいにその観念が民衆のあいだに共有されていったのではないだろうか。先祖の神は発生的には氏の神として、また地域的豪族の守護神として祭祀の対象とされるようになったのであろう。

ところがそこへ仏教が伝来して、この祖先崇拝の構造に変化が生じた。仏教の諸流派の中で人間の死後の運命について深い反省を加えたのが浄土教であったが、インドでは、死後は西方十万億土のかなたに存在する浄土におもむくと考えられた。しかしこのような浄土＝他界観は、日本列島の風土的環境の影響を受けてまもなく読みかえられ、大きな軌道修正を受けることになった。

すなわち浄土は西方十万億土などという形而上学的なかなたにあるのではない、山岳の頂上や大海原のかなたに横たわっていると想像されるようになったのである。死者の魂はそこにおもむいて成仏する、すなわち「仏に成る」と信じられるようになった。さきにふれた万人成仏思想、あるいは死者成仏信仰である。インド的な西方浄土に対して、山中浄土・海上浄土の観念が一般化するようになった、といってよいだろう。

こうして縄文的なカミ信仰、あるいは万葉人的な霊魂信仰が、新来の浄土信仰と融合をとげることになる。そのもっとも顕著な実例が、山中や海上におもむいた死者の魂がそのまま浄土に往生する仏《ホトケ》であるとする信仰の成立であった。死者＝魂《タマ》＝仏《ホトケ》という観念連合が成立し、死者（あるいは死者霊）をそのままホトケと称する民俗仏教が人びとの心をとらえるようになったのである。

「遺骨にかかずらうな」と言ったブッダの人間的な記憶がしだいに薄れていき、それにかわって先祖の観念が前面に現われ、死者の存在が強く意識されるようになったのである。

遺骨信仰へと変化

最後にもう一つ、この死者＝ホトケ信仰の形成にとって重要なはたらきをしたのが遺骨信仰であった。一般に死者の遺骨を集めて壺などに入れ、寺や墓に祀って参拝する風が生じたのは十世紀のころであるが、しかしこれには仏教の伝来とともにもたらされた仏舎利信仰の影響があった。

仏舎利信仰はブッダの入滅と同時に発生し、やがて中国や東南アジアの仏教圏で伝承されたものだった。それが日本においては、一般庶民の遺骨信仰に大きな刺激と影響を与えた点はとくに留意しなければならない。インドにおける仏舎利信仰が日本においてはいつのまにか、死者の遺骨信仰へと姿を変えていったということだ。

今日なお、真言密教の根本道場である高野山は日本人の総菩提所と観念され、その奥の院の周辺には、卒塔婆《そとば》が林立し墓が密集している。それは古代末から中世にかけて活躍した高野聖《こうやひじり》たちの勧進活動によるところが大きかった。彼らは死者の出た家々を訪れ、遺骨の一部を高野山山頂の墓所に納め、そうすることで死者の魂の山中成仏を成就させることができる、と説いて回ったのである。浄土としての山上で、死者の魂と遺骨がめでたく合体し、仏になることができると説いたのである。

今日における日本人の墓好きの傾向には定評があるが、それは右に述べたような歴史的経緯を経てしだいに形成されたものである。祖先と遺骨と墓に対する日本人の信仰は、日本人の宗教心の根拠を解きあかすうえできわめて重要な特性をつくっているが、それは同時に日本仏教の背骨をなす信念体系であったといわなければならない。キリスト教徒が目に見えない神（唯一絶対神）の前で身を慎んで日常生活を送ってきたように、この日本列島に住む人びとは長いあいだ、先祖（先祖の神々）の前で身を慎んで生活してきたのである。

葬式の形

遺骨にかかずらうなというブッダの遺言と、そのブッダにたいする弟子たちの激しい思慕、哀悼の気持はもともと矛盾するものだった。しかしこの矛盾する関係がかえって、ブッダを慕い、哀悼し、その行跡を記念する法会《ほうえ》や仏事を生みだしていった。今日、日本の仏教はしばしば葬式仏教と中傷され、批判されているが、仏教の歴史と葬儀、仏事の関係は根が深いのである。

仏教の葬儀には、基本的に三つの機能が重要な役割を果たしていたと私は思う。別れる、悲しむ、送る、という三つの機能である。

第一の別れとは、いうまでもなく死者との別れということだ。今日われわれは、葬式のことをしばしば告別式と呼んでいるが、これは死者との別れを告げる儀式、からきている。死者との別れを、社会に向かって告知することといってもいい。

第二の機能が死者との別れを悲しむということだ。人生は永遠ではない。森羅万象《しんらばんしょう》が絶えず移り変わる無常の原理で動いているように、人間もこの世に生きてあの世に去る。その人生の深刻な無常にふれるのが死の場面である。そしてこの死の無常に慟哭《どうこく》し、悲傷するのが葬儀の場である。永遠に去り逝く者が肉親の場合、残された者の悲しみの情は極点に達する。無常の中の悲しみである。

今日、この葬儀の機会における悲しみの問題をグリーフ・ワーク（悲しみからの癒し）という言葉で説明することが顕著になっているが、これは違う。仏教の立場からすれば、人の死にさいして深く悲しむことこそが無常の理《ことわり》を悟ることに通ずるからである。悲しみからの癒し（回復）を強調する考え方は、生きのこった者の生存へのエゴイズムを象徴する解釈、というほかはないのである。葬儀において重要な機能は、グリーフ・ワークにあるのではない。グリーフ（悲しみ）そのものに身をまかせる、ということの中に切実な意味が隠されている。

第三の、送る、という機能は、死者の魂をあの世（浄土）に送るということである。インドの仏教で人間の死後の運命にもっとも深い内省を加えたのがこの浄土教である。そこでは、死者はどのようにしたら浄土に往生《おうじよう》できるのか、ということが大きな問題とされた。また人間の死後、いったい何が往生するのか、ということも重大なテーマであった。そこから霊的な存在もしくはアートマン（ātman＝個我）といったものが往生の主体ではないか、という議論も生じたのである。

むろん他方で、仏教では霊魂の有無を論じないという説も唱えられたが、しかし大衆化した仏教においては、死後の魂の行方が常に意識されていたことを否定するわけにはいかない。とりわけ日本の仏教においては、神道的な霊魂信仰との融合ということが大きな課題であった。

このように葬儀と仏事において、死者との別れ、死者に対する悲しみと慟哭、そして死者の魂の他界（浄土）への鎮送、という三つが重要な意味をもっていたことがわかる。民間に行なわれてきたさまざまな民俗行事もまた、そのような観念や考え方の影響をつよく受けてきたのである。

ただ今日の問題としていえば、右の三つの機能のうち魂を送るという機能が、日本社会の近代化と世俗化によってほとんど意識されなくなっている。そのため仏事・法会、そして民俗行事などが、その本来の文脈から遊離して、形式のみが継承されている状況になっている。その内面的な意味がほとんど理解されなくなっているのである。

日常かいま見る仏事や法会の現場において、ブッダとその教えの影がかぎりなく稀薄になっていることが、死者儀礼によってもよくわかるのである。

ブッダの言葉を文字化した経典

これまでブッダの考え、ブッダの思想ということをたびたびいってきたけれども、そのブッダの考えや思想をわれわれに直に伝えてくれるものがいうまでもなく経典である。時代を超え、地域を越えてブッダその人の言行を後世に伝えてきた原典である。

それでは、仏教でいう経典とは、どういうものであったのか。

キリスト教の基本経典は「聖書」である。それを疑う者は誰もいない。同じようにイスラーム教の基本経典は「コーラン」である。これも誰しもが認める周知のことだ。それでは仏教の基本経典は何か。この問いに、すぐ答えられる人がいるだろうか。おそらく仏教においては、キリスト教やイスラーム教における意味での基本経典は存在しなかったのかもしれない。そこに仏教という宗教の重要な特色の一つがあるといっていい。

仏教の基本経典とは何か、ということですぐにもわれわれが思いおこすのが「大蔵経《だいぞうきよう》」であり、「三蔵《さんぞう》」という言葉ではないだろうか。

「三蔵」とは経と律と論をいう。「経」とはブッダの言葉を集めたもの、「律」とは仏教教団の戒律、「論」とはブッダの言葉や戒律について注釈したもの、ということに一応はなっている。はじめに「経」というテキストがつくられ、教団が形成されると僧と在家信者の生活を律するための綱領のようなもの、「律」が制定される。さらに仏教が発展して時代を経るにしたがって、仏教の考え方そのものが変化し、新しい要素がどんどん加わっていった。野心や新思想を抱く思想家が登場してきて、仏教の考えをさまざまに解釈し展開させていった。それらの解釈・注釈の仕事を総称して「論」といったのである。

このようにみてくると、仏教でいう経・律・論というのが、仏教思想の全体系を包含した叢書的なテキスト群であることがわかる。のちになって、このテキスト群の全体を「大蔵経」といったり「一切経《いっさいきょう》」と称したりするようになった。その大蔵経すなわち三蔵に通じた僧が三蔵法師といわれ、尊敬されたのである。

たとえば七世紀の中国僧玄奘《げんじょう》の例がよく知られている。彼は中国の長安からはるばるインドを訪れ、大量の仏教典籍を中国にもたらし、その多くを翻訳している。多くの経典を研究翻訳した仕事と、それを中国にもたらしたということで、三蔵法師と称されるようになったのであろう。

「般若心経」に盛られたエッセンス

ところが、このような「大蔵経」信仰に対して、それとは逆に厖大《ぼうだい》な仏教経典の中から結晶体のようなエッセンスを抽出しようとする試みが、当然のように発生する。ふくれあがった経典の洪水の中から、ブッダの思想の精髄、仏教の本質をさがしもとめようとする試み、といっていい。その典型的な例が「般若心経《はんにゃしんぎょう》」の成立だった。

もちろんそこには、事柄の本質的な部分をわかりやすい形で表現しようとする知的指導者たちの意欲があり、またそのような簡潔にして本質をあらわすテキストを望む民衆側の欲求があったであろう。

「般若心経」とは、厖大な「般若経」テキストの中から核心となる部分をとりだして、それを三百字足らずの簡潔な文章に凝縮したものである。それに対して「般若経」というのは、最初期の大乗経典を代表するもので、長い年月にわたって制作され、その全容は質量ともに他を圧している。中心のテーマが「空《くう》」の思想であるが、それを誰もがいっきに音読できるように圧縮して再編成したもの、それが「般若心経」である。

日本の仏教教団において、このテキストは寺院の法会などで日常的に唱えられるようになったが、一般には庶民が巡礼や遍路の旅に出るとき、この「般若心経」を「ご詠歌《えいか》」とともに唱える風習ができあがった。

もっとも、浄土真宗と日蓮宗においては「般若心経」を唱えない。なぜなら、浄土真宗では念仏（南《な》無《む》阿《あ》弥《み》陀《だ》仏《ぶつ》）を重視し、それが仏教信仰のエッセンスであるとのつよい主張をもっているからである。日蓮宗でも同じように「題目」（南《な》無《む》妙《みょう》法《ほう》蓮《れん》華《げ》経《きょう》）を唯一の信仰の柱としている。

これらの宗派では考えようによっては、いわば「念仏」と「題目」が「般若心経」の役割を果たしているといってもいいのかもしれない。一面で「念仏」や「題目」は、キリスト教の祈りの言葉である「アーメン」に近いニュアンスをもつが、他面で「般若心経」にも似た経典のエッセンスという性格をもっているのではないだろうか。

また日本においては「大般若の転読」という興味ある経典読誦《どくじゅ》の方式が生みだされた。さきに「般若経」には質量ともに多種多様のテキストが含まれているといったが、この「転読」という方式は、六百巻に及ぶ般若経テキスト群のタイトルにあたる部分だけを読みあげ、経典そのものはパラパラとめくってその全体を短時間で読みおえたことにする読誦形式をいう。効率的で功利主義的な経典読誦といっていいだろう。

いずれにしろ仏教においては、キリスト教の聖書にあたるような基本経典をさがしだすことがきわめて難しい。一神教における経典との性格上の違いがそこに反映している、とみることができるかもしれない。

もっとも、仏教の経典には味わい深いものが少なくない。ブッダの思想の本質を鋭く明らかにしているものも一、二にとどまらない。ただ一つの経典にしぼりきることができないのもそのためである。しかしそうではあるけれども、そのような経典に盛られているブッダの言葉からだけでは、どうしても洩れてしまうものがあるということも指摘しなければならない。

ブッダその人の人間的な息吹きといったようなものである。そのブッダの生の息吹きのようなものを追い求めて、いつのまにか私は、ここまで書きついできたのである。ブッダの新鮮な生き方のエッセンスのようなものが、この日本列島にも存在しないのかとさがしもとめてきたのだ。

日本で仏教を生きつづけさせたもの

さて、最後に、日本人の先祖崇拝について、もう一つふれておきたいことがある。じつをいうと、この先祖崇拝は、わが国では仏教の本質を忘れた民俗仏教の一環である、と低い評価を与えられがちであった。しかし、そのような見方はやはり、正しい認識とはいえないであろう。それはむしろ、日本の仏教を生き長らえさせた不可避の特質であったとみなければならないからである。

「無我の仏教」を受け入れなかった日本人の偽らざる姿がそこにある。インド流の無我の追求によっては必ずしも救われないと考えた日本的仏教の特色である。

　さきに私は、日本仏教の特質の一つに「無私」という観念が強くはたらいていたといったけれども、この日本型の無私の仏教を民衆レベルで支えつづけたのが、先祖崇拝であり、遺骨信仰であった。祖先の前で慎み深い生活を送ることが、すなわち無私に通ずる生活態度であると考えられたのである。同じように先祖の遺骨には先祖の魂が宿り、その魂が生きているものたちを見守っていると信じてきたのである。

　こうしてブッダの姿は、この日本列島においては先祖という名のカミの影に隠れるように身を退き、その存在感を喪失していった。その生の息吹きがわれわれの心にとどかなくなってしまった。それならブッダは、本当にこのわれわれの世界からいなくなってしまったのだろうか。姿を消し去ってしまったのか。おそらくそうではないであろう。そもそもそんなことはありえないことではないか。

　ブッダよ、汝はいったいどこに逃亡したのか。

　いったいどこで隠遁の生活を送っているのか。

　今日、この日本列島の各地から、そのような声が、そのような叫びが、ときに私の耳には聞こえてくる。とりわけ私の内心から、それが聞こえてくるのである。

ブッダの苦しみの体験は引きつがれたか

私はこれまでブッダの人生を語ることから出発し、その教えがどのように広がっていったかを論じてきた。ブッダの「家出」を起点にして、彼がどのような思いで孤独の道を歩いていったのか、その思索のあとをたどってきたのである。

ブッダの教えが発展する過程をみてくるなかで、当然のことながら、日本の仏教がどのように形づくられていったのかという課題が浮上してきた。われわれはいったいブッダのどの部分を継承し、どの部分を拒否してきたのか、といった問題意識である。日本の仏教は究極のところ何を追求してきたのか、という問いである。

わが子を捨てたブッダの苦悩と悲しみの体験が、日本列島においてどのように受けとめられ、どのような歴史を刻みだすことになったのかということだ。

それだけではない。ブッダの後継者が、この日本列島にも存在していたのかどうか。存在していたとして、どのような姿で存在していたのか。その解答を求めて、日本の仏教にみられるさまざまな側面に注目し、その特色について点検してきたのである。

しかし、このような問いに答えるのは、じつをいうと容易なことではなかった。なぜならブッダは、われわれの日本列島においては、誰の目にも明らかな形でその存在を主張しているようにはみえなかったからである。その思いが、いつでも胸をつきあげてくる。

しかしもちろん、希望の明りがみえてこないわけではなかった。

右にあげた問題を眼底におさめておくことで、どこかでとぼとぼ歩いているにちがいないブッダの姿に、少しずつ近づいていくことができるかもしれない、と思うようになったからだ。ブッダの人間臭さがほとんど感じられないような場所においても、ブッダの影をさがしあてることができるかもしれないと考えるようになったのである。もうひと踏ん張りだ。しばらくは、ブッダその人の教えの周縁を散策しつつ、さらに思索を重ね、われわれの展望を広げてみようと思う。

第五章　ブッダは今、どこにいるのか

ブッダの姿をさがして

ブッダのインドを離れて、日本列島をさ迷い歩いてきた。

わが子を捨てたブッダの足跡を追って、そのブッダの教えがどのような運命にさらされることになったのか。歴史的時間の中を上下し、アジアの広い空間に目を注いできた。

ブッダはわが子を捨てたが、究極的には何を捨てたかったのか。それが問題であった。

その探求の旅、ブッダ探しの旅の中で、われわれは大きな変容の跡をみせつけられてきた。ブッダが思いもしなかったであろう仏教の転変の跡を知らされてきたのである。ブッダは無常を説いたが、ブッダの教えこそまさに、その無常の嵐に翻弄されてきたのではないかと思いたくなるほどだ。

しかしながら、誰がいったいそれを非難することができようか。後世の仏教徒たちがブッダを裏切ったとして、ブッダの教えを改変したとして、それをいったい誰が責めることができるのだろうか。

それにもかかわらず、ブッダはやはり不死身であった、と思わないわけにはいかない。

ブッダの教えはその根本において、数かぎりない人びとの心に途絶えることなく滲透していったからである。大いなる変容とたび重なる裏切りにもかかわらず、ついにブッダはブッダであったと思う。

それではそのブッダの姿を、今日われわれは眼前にありありと見ることができるだろうか。身近にその気配を感じることができるだろうか。たしかに、ブッダはどこかにいる。ブッダの声がどこかから聞こえている。しかしわれわれは、そのブッダの立ち居振舞いを、じっさいにこの眼で確かめることができるのか。

ブッダの影を見ているだけではないか。偽物のブッダにたぶらかされているだけではないか。そんな声も聞こえてくる。

どうしたら、ブッダの存在を手元に引き寄せることができるのか。

わが子を捨てたブッダは、どこに行ったのか。

自己を捨てたブッダは、どこにいるのか。

今なら死ねるか

この日本列島に、はたしてブッダはいるのだろうか。かつて、ブッダはいたのか。そんないくつもの問いが、いつごろからか私の頭上から聞こえてくるようになった。天の声といってもいい。

ところが、このところ、そのような声に重なるようにして、もう一つの天の声が聞こえてくるようになった。歩いているとき、聞こえてくる。仕事の手を休め放心しているようなとき、その声が突然、天から降ってくる。

「今、お前は死ねるか」というのが、その天の声である。優しく問いかけてくるときがある。厳しく問いつめてくるときもある。ああ、また、そいつが降ってきた、とそのたびに思う。たじろぐような気持で、聞き耳を立てる。

いつのまにか、その天の声に対して、私は畏る畏る答えるようになっていた。

「今、死んでは困る」

と低い声をあげて答えている。たいていの場合は、首をすくめてそう答えている。しかし

不思議なことに、時と場合によっては、

「今なら、いいよ」

「今なら、死ねるよ」

とつぶやいていることもある。

天の声に対する答えが、時と場合によっていったいどうしてこうも異なるのか、それがよくわからない。そのたがいに反する答えのあいだで、迷いに迷っていることだけは確かである。だが、それがどうして「いいぞ」と言ったり、「今は、ダメだ」という反対の返答になってしまうのか。それが何とも情けない。心もとない。

「ブッダよ、どうにかしてくれ！」

と、つい叫んでしまいたくなる。

「ブッダよ、お前は、いったいどこにいるのか」

「私はまだ自らを捨てられずにいる……」

西行と親鸞

あるとき、散歩の途中だったが、『方丈記』の冒頭に出てくる「ゆく河の流れは絶えずして、しかももとの水にあらず」のフレーズが口の端にのぼってきた。眼前に水が流れだし、その向こう側に西行法師の顔が浮かんでいた。

ああ、と思った。西行は桜の季節に、満月を仰いで死にたいと願っていたが、どうもその生前の希望通りに最期を迎えることができたようだ。なぜそんなことができたのか、西行は死期を悟ったとき、おそらく最後の段階で断食の行に入っていったのであろう。そのように私は長いあいだ考えてきた。

天の声が突然降りかかってきて、

「今なら、いいよ」

という言葉が口をついて出るときは、どうやら眼前に水が流れ、その向こう岸に西行法師の顔が浮かびあがっていたようだ。緊張がゆるみ、和やかな気分になっていたのである。

しかし、いつもそうであるわけでは、もちろんない。

「今は、ダメだ」

と、つい突っけんどんに答えているときがあるからだ。そして、嫌なものをふりはらうように拒絶の言葉を放つ場合の方が、どちらかというと多い。これでは仕方がないな、と反省しながら、どうすることもできない。

ところがおかしなことがあるものだ。

「今は、ダメだ」

とつぶやいているときにも、眼前に水が流れ、水の音が聞こえてくる。天の声に対して、

「今なら、いいぞ」

と答えるときと同じ光景があらわれてくるのである。ただ、その場合、その川の流れ、水の音のかなたに浮かびあがるイメージが異なる。

「今は、ダメだ」

と心に叫ぶとき、その川岸のかなたに浮かびあがるのが、たいていの場合、あの親鸞の顔だからである。

ああ、と思う。親鸞は自分の死後について、

「遺体は鴨川に流して、魚の餌にせよ」
と言いのこしたという。それは私の耳には、死に方にはこだわるな、と言っているように聞こえる。たしかブッダも涅槃（死）に入る直前、そのようなことを言った。人間、どのように死ぬかはわからぬ、それこそ天にまかせよ、死後の遺体の処遇などにもこだわるな、と言っているように聞こえる。

そもそも親鸞は、すべては阿弥陀如来の思召しにまかせよ、と言っている。それはほとんど「天」にまかせよ、と言っているに等しいではないか。天の声に対して「今は、ダメだ」とつぶやいているとき、私はわれ知らず親鸞にとりすがっていたのかもしれない。

「今、お前は死ねるか」
という天の声が聞こえてくるとき、私は西行法師と親鸞聖人の二人の死に方を思いうかべ、それを使いわけていたのであろう。いや、それよりも何よりも、その二人はもしかすると私にとって二人の「ブッダ」の役割を果たしていてくれたのかもしれない。

「ブッダよ、助けてくれ」
という私の心の叫びに呼応して、ブッダが無限の時空をとびこえて、その身をやつした姿をあらわしてくれたのかもしれない。

それにしても、西行の寿命は七十三歳だった。今の私とほぼ同じ年齢である。それに対して親鸞は九十歳だった。そこにたどりつくまで、あと十六年もある。そんなもの思いにふけっているとき、また天の声が聞こえてきた。

「そのときまで、足腰を鍛えておけ！」

風化する命を見つめて

もう四十年も昔、東京の郊外に住んでいたときのことだ。真夏の暑い日だった。夕方になって、散歩に出た。

散歩のコースはいつも決まっていた。集合住宅を通り抜け、田圃道《たんぼみち》を伝って歩いていく。小さな林の中を突っきり、横手に小祠や寺の屋根を見ながら足を運ぶのが常だった。

陽は落ちかかっていたが、地面からの熱気が下駄の底からはいあがってくるようだった。何気なく道端に目を泳がしていたとき、草むらに犬の死体がごろんと横たわっているのが見えた。数匹の蠅《はえ》が顔面のあたりをぶんぶん飛んでいる。私はそれをぼうっと眺めたまま通りすぎた。

しばらく日がたってから、また散歩に出た。前に見た光景はすっかり忘れていたのだが、同じ場所にその犬がそのままの姿で斃《たお》れているのに気がついて、驚かされた。腐敗が進行し、からだ中に蛆虫《うじむし》がはいまわっているのが見えた。誰も片づけなかったのである。私は顔を背けて通りすぎた。

どのくらいの時がたったのだろう。季節はすでに秋になっていた。久しぶりに同じ道をたどってその場所に立ったとき、そこから沈静の気が立ちのぼっていることに胸を衝《つ》かれた。犬の胸や腹のあたりが平滑になっていて、蠅も蛆虫もすっかり姿を消していたのである。時間の経過が犬の四肢をすっかり洗滌《せんじょう》してしまっているようだった。

冬になっていた。夜に雪が降り、翌日になって陽が昇った。私は久しぶりに散歩に出て、気がせくままにその場所をめざした。近づいてみて、わが目を疑った。雪の中に半ば埋もれている犬のからだを一面の白い毛が覆い、それがつややかに輝いていた。見るからに暖かそうな白毛の光沢が、私の目を奪ったのである。

不思議な体験だった。忘れることができない出会いだった。そばに寄り、それを手にとって自分のからだに羽織れば、そのままわが身を守る皮衣になる。自然にそう思ったのである。

その瞬間ブッダの気配を、私は感じた。

ブッダの影が静かに近づいてくる気配を感じた。

獣の皮をまとった「聖」

私はそのとき、京都の六波羅蜜寺《ろくはらみつじ》に伝えられている空也《くうや》上人像を思いうかべていたのである。鎌倉初期の仏師、康勝《こうしょう》がつくった木彫像だ。空也は平安時代の中ごろ、比叡山で修行した僧だった。やがて山を下り、念仏を唱えて、諸国を行脚した聖《ひじり》である。

橋をかけ井戸を掘り、ときに死者の遺体を葬って供養するのが仕事だった。民間を歩く市聖《いちのひじり》、人びとの魂を看取る阿弥陀聖として尊ばれたのである。

康勝が彫った木彫像は、そのような空也の人間性を巧みに再現している。口からふきだされた細い針金の上に六体の阿弥陀如来をのせている。そこからは、いつも念仏を唱えて歩いている聖の生活の匂いが伝わってくる。胸から腰、腰から脚にかけての筋肉の表現が、カモシカのそれのような俊敏な動きを浮きあがらせている。いかにも遊行の生活で鍛えあげた、しなやかな足腰である。

左手に鹿の角をつけた杖を持ち、右手に撞木《しゅもく》を持って首から吊るした鉦《かね》を叩いている。そして鹿の皮を腰にまとっている。その鹿皮の色が空也の陽に焼けた銅《あかがね》色の肌に融けあい、ほとんど見分けのつかないほどになじんでいるのがわかる。鹿の皮が空也の第二の皮膚になっているといってもいいだろう。

風雪に耐えた空也のからだである。同じように、死んでのちなおその光沢を人の世に残しつづけている、清らかな獣皮。それが一つに重なり、融けあって、遊行漂泊する僧のからだを美しく荘厳《しょうごん》している。

獣皮への同化が、山川草木への同化の第一歩だったのかもしれない。欲望の誘惑にまみれる修行僧が、慈悲という名の世界に少しでも近づくための方便だったといってもよい。それはおそらく人間の色彩を消して、鳥や獣の色の中にすべりこんでいくための捨て身の戦略だったのだろう。

よくはわからないけれども、人は死んで美しい皮を残すことはできないのではないか。

カイロの博物館や大英博物館で、おびただしい数のミイラを見たことがある。どのミイラもその皮膚はぼろぼろにくずれ、見る影もない醜悪な屍体をさらけだしていたことを思い出す。わが国の出羽三山の周辺に点在する一世行人《いっせぎょうにん》たちの入定《にゅうじょう》ミイラの場合でも同様である。虎が死して皮を残すようには、人間は死んで皮を残すことはできないのだろう。腐敗を通して美しい皮の光沢を見せてくれたあの犬のような真似を、われわれはすることはできない。

獣皮への同化は、おのれがなしえないことを獣の皮を借りて実現しようとする代替行為なのだ。獣皮を着ることはおそらく獣の恩を着るということなのかもしれない。その観念の難所をくぐり抜けたとき、凡僧は本来の僧になる。民衆のあいだを、痴愚のごとく狂者のごとくさまよい歩く聖という存在になる。

皮上人のイメージのかなたに

空也上人はそういう人間だった。そして康勝という鎌倉時代のアーティストは、人間空也の本質を見抜いて、獣皮を着る空也像を刻みあげたのである。

空也は町や村を歩いているとき、行き斃れている牛馬を見たことだろう。馬の死骸を道端に埋めて供養塚を建てる人びとの姿を見ていたかもしれない。彼自身も、それに手を貸したのではないか。それがのちに、馬頭観音《ばとうかんのん》像といった形で残されることになった。しかし、どうだろう。犬や鹿や狐のような小動物は、行き斃れて死んでも、そのまま放置されたのではないだろうか。カラスやその同類についばまれたあと、死骸は骨とともに風化にまかせられたのではないか。やがてその死骸の断片が聖たちの手によってすくいとられ、彼らの行脚の道連れにされていく。獣の皮衣が同行二人《どうぎようににん》のお守りに姿を変えていったのである。

空也が世を去ってまもなく、行円《ぎようえん》という聖が出て、空也の生き方をさらに継承していった。彼もまた比叡山の横川《よかわ》で修行したが、やがて里に下りて庶民教化の道に進みでていった。鹿の皮を身にまとって遊行し、ついに「皮（革）上人」の名で呼ばれるようになった。「皮聖」の誕生である。そして、彼の建立した行願寺《ぎようがんじ》は西国三十三カ寺の一つとなり、「革堂《こうどう》」と呼ばれた。

私はふと、その皮上人のイメージのかなたにブッダの姿を思い描いていた。

とすると、このような聖たちの皮膚を覆う獣皮の色は、もはや単なる色《カラー》ではないのだろう。それは人間界と動植物界とを結び、そして融合する原初の色かもしれないのである。もしかすると、その獣皮を提供した動物たちは、この世に忍びよってきたブッダの化身たちだったのかもしれない。

現代にブッダをさがす

一九七三年（昭和四十八）の年の瀬だった。私はインドのニューデリーからネパールのカトマンズに飛び、一日おいてポカラを訪れた。ポカラの小高い丘の上では、藤井日達《にったつ》上人が十数人のお弟子たちといっしょに、仏舎利塔建立の仕事に没頭しておられた。もう三十年以上も前のことだ。

私はその丘の上に建てられた仮草庵で、約十か月ぶりに藤井上人にお会いした。それは間口三メートルに奥行十メートルほどの石積みの建物だった。漆喰《しっくい》はまだ乾ききってはおらず、土間にはござや毛布が敷いてある。簡易ベッドが三台おかれ、正面には等身大の釈迦誕生仏が安置されていた。あたりには、ヒマラヤ開教という切迫した緊張感が師と弟子たちのあいだに漂っていた。

翌日の昼近くなって上人は、私を山上のわらび採りに誘われた。草むらに沿って歩く。上人は、あっ、という小さな声をあげて、めざとくわらびを見つける。路々、上人は言われた。このわらびはわれわれの大事な食事になります、それで、ひまを見つけては毎日のようにわらび狩りをしているのです。

この年、上人はすでに八十九歳になっていた。

私がその山上に滞在していたのは、十二月三十日から翌年の元旦までのわずか三日間にすぎなかった。その間も、山頂では百人を超すネパール人が出家たちとともに、本堂の建設のため骨身をけずっていた。賃金は労働の性質に応じて一日、三ルピーから八ルピーと聞いたが、彼らの顔はいつも優しい笑みにみたされていた。出家方は、みな戸外にテントを張り、夜は寝袋に入って睡眠をとる。そんな生活がもう半年以上もつづいていた。

ポカラ山上の気温は、日中は三十度を超え、夜間は三度に下がる。マチャプチャレ、アンナプルナ、マナスルの山塊が、零度近くまで下がる深夜にも、その白嶺を皓々《こうこう》と輝かせていた。

平和を祈念する仏舎利塔建立

藤井日達は、日蓮宗系の一派、日本山妙法寺大僧伽《だいさんが》の山主だった。一九三一年（昭和六）に単身でインドに渡り、孤独と貧困の中で開教をはじめた。それは仏法をインドに返す、という日蓮の遺命を果たすためであったが、やがてインド独立運動の父マハトマ・ガンディーに出会い、その非暴力の思想の影響を受ける。以後、半世紀に及ぶインド開教と平和行脚の旅がつづけられるが、その間にネルーやその娘のインディラ・ガンディーとも親交を結んだ。

私がその藤井日達の自伝『わが非暴力』（春秋社）をつくるお手伝いをしたのが、一九七二年（昭和四十七）のことだった。このとき上人は八十八歳になっていたが、その後さらに十三年を生き抜いて一九八五年（昭和六十）に百一歳で世を去る。ブッダより二十年も長生きして世を去られたのである。

上人の日本における平和運動は、一九五四年（昭和二十九）に熊本市の花岡山に仏舎利塔を建立したときにはじまる。やがてその足跡はネパール、スリランカをはじめ、アメリカ、ソ連、ヨーロッパに及び、戦争と核武装の廃絶を訴え、諸宗教の指導者との交友を深めていく。そこに法華経―日蓮信仰と並んで、ガンディー流の非暴力の信念が横たわっていたことはいうまでもない。上人は世界の各地に、平和のシンボルとしての仏舎利塔を建立する誓願を立てていたのである。

一九七八年（昭和五十三）の五月のことだった。私は十人ほどの教え子たちといっしょに、箱根の山を歩いて越えた。箱根湯本の出発点から数えて五十キロほどを四日で歩いたのであるが、翌五日目に、熱海においでになる上人を訪問して打ち上げ式にすることにした。

その日も熱海の道場は静かで、空気は澄んでいた。私は上人に、われわれは五十キロの道を歩いてこちらにお邪魔しましたと申しあげた。すると上人は破顔一笑して、わたしの若いころは毎日六十キロは歩いたものです、とこともなげに言われた。

そばにいたお弟子の一人が、あのころのお師匠様の足の裏には一センチ幅の脂肪の厚みができていて、なみの革靴の底よりよほど頑丈だったと言葉をそえる。われわれの遊び半分の「散歩」と上人の「修行」との違いが天地の懸隔《けんかく》ほどのものであることを、この足裏の堅い塊が物語っていた。

日本にもブッダがいた

上人の平和運動はいつでも仏教の原点に立ち帰り、「法華経」の精神を宣揚するためのものだった。「法華経」は上人にとって「聖書」にも匹敵する慰めの書であったが、一面で厳格な出家主義と徹底した一所不住主義を主張した。それでも、若いやる気のある青年たちがつぎつぎと上人の魅力のとりこになり、弟子になっていった。

上人の口ぐせの一つに、「かつてのブッダもヒッピー、今日の自分もヒッピー」というのがある。そのためであろう。日本山妙法寺に一宿一飯を求めてくる者に対しては、どんなことがあってもそれを受け入れていた。中には未熟な者や心ない者がいて迷惑をこうむることもあったが、ヒッピーとはそもそも道を求める者だとする考えに立って、いつも寛容の態度をくずさなかった。

このように上人のヒッピー好きには筋の通った人間観が隠されていたのだが、同時にそこにはどこかユーモラスな趣きがあった。私は以前、インドのカルカッタ道場に泊めてもらったとき、本堂に掲げられていたつぎのような歌を見つけて、思わず心が和んだことを覚えている。

日本山　貧乏神に守られて
令法久住《くじゅう》（仏法の普遍化）の誓い遂げなむ

上人は終生、貧乏神と若者に愛され、必要とあれば世界のどんな辺地にも飛んでいく、他に類例をみない、国際的な日蓮行者だったと思う。その気力あふれる使命感は、どこかかつての鑑真のそれに似ており、その国際的な行動力はキリシタン時代のフランシスコ・ザビエルの再来を想起させるのである。

この日本列島にも、一人のブッダがいたのである。

仏教発祥の地での重い課題

インドというところは、そこを訪れる者を裸にする。後生大事にもちこんだこちら側の思惑を、ズタズタに引き裂く。有無を言わせぬ力で混乱におとしいれる。

想像を絶する人間差別の現実を、眼前につきつけてくるからだ。人間差別の極限をかいま見せるアンタッチャブル（不可触民）の過酷な運命が、そこにくりひろげられているからである。カーストという拷問具にも似た社会的な足枷《あしかせ》である。その理不尽な伝統装置に苦しむ人びとの群れが、都市にも農村にもあふれかえっている。

私は七〇年代のはじめ、首都ニューデリーでヒンドゥー教のカースト体制に反対する不可触民の指導者の一人に出会い、話を聞いたことがある。そのときの言葉が忘れられない。

「今われわれに必要なのは階級闘争などではない。インドが今やらなければならないのはカースト闘争である……」

その沈痛な言葉を聞きながら、私はインド共産党における階級差別の実態を思いおこしていた。

まず、インド共産党の指導部を占めていたのが北部出身のブラーミン（カーストの最上層に位されるいわゆる婆羅門《ばらもん》）階層だった。それに対して、南部出身のとくに不可触民出身者は、カースト差別の壁にはばまれて、平等の権利を主張しえない状況におかれていたのだ。今、インドに必要なのは階級闘争ではない、カースト闘争である、という言明が重く、鋭く私の耳に響いたのもそのためであった。

この地球上で、人間を徹底的に差別する社会的、文化的装置として、このインドのカースト体制を上まわるものはほかにはないのではないだろうか。その最大の犠牲者が不可触民である。ちなみに今日、インド大陸における不可触民の総人口はゆうに二億を超え、インド人の五人に一人に近い割合になっているという。部族、人種、職業などさまざまな要因によって細かな差別的等級が定められてきた。そしてその不可触民の最下層に属し、もっとも卑しめられているのが清掃、糞尿・汚物処理、死体処理専門の人びとである。

いったいどうして、そのような制度ができあがってしまったのか。いったいどうしてそれは、今日なおインド社会の根幹をなす大動脈となって生きつづけているのか。まっとうに考えれば、まさにインド数千年の歴史をつらぬく謎としかいいようのないものだ。

その「差別」の謎を解く鍵が、浄―不浄の観念にあったのではないかという説がくりかえし主張されてきた。そうであるならば、なぜインドにのみその浄―不浄の観念がかくも執拗《しつよう》に、不死鳥のように生きつづけてきたのか。そのような疑問が当然おこってくるはずである。そのことが明らかにされないかぎり、今なおインドに生動しつづけている地獄的景観の意味を、解きあかすことはできないにちがいない。

仏教に集団改宗したヒンドゥー教徒

インドにおける差別の問題を考えるうえで欠かすことのできないのが、これまでにもふれたことだが、マハトマ・ガンディーの存在であり、彼の非暴力思想にもとづく政治運動だった。そしてもう一つが、そのガンディー路線を真っ向から批判した、不可触民出身のビームラオ・R・アンベードカル（一八九一―一九五六）の存在であり、その社会改革運動である。

ガンディーはバイシャ（農工商人）・カーストの出で、ヒンドゥー教徒だった。彼は不可触民を「神の子《ハリジャン》」と呼んでその解放運動に献身した。しかし、ヒンドゥー教の信仰とほとんど一心同体のカーストそのものを否定することはなかった。そのようなガンディーの「神の子」解放運動を欺瞞《ぎまん》的行為と断じて、その思想に反対し、カーストの廃棄と不可触民の解放をめざして闘ったのがアンベードカルだった。

彼は、インドが第二次大戦後イギリスの植民支配から脱して独立を果たしたとき、それまでの社会改革運動の実績を買われ、初代首相ネルーがつくった内閣のもとで法務大臣となり、憲法起草委員会の委員長に選出された。今日、世界一長文の憲法として知られるそのインド憲法の中に、彼は不可触民制度の廃止と少数者保護のための政策を盛りこんだのである。

しかしアンベードカルはやがて、このカースト廃止の運動がヒンドゥー教内部では結局は実現不可能なことを悟る。カースト反対闘争が、必然的に、ヒンドゥー教というインドの「国民宗教」への反逆的行為とならざるをえないことを骨身にしみて知らされる。ついに彼は自分の理想を実現するためには、ガンディーの拠ってたつヒンドゥー教と非暴力思想と決別するほかはないと思い定め、仏教への改宗を宣言するにいたったのである。

一九五六年（仏滅二五〇〇年）十月十四日のことだった。アンベードカルは数十万人の不可触民を率いて、仏教への集団改宗に踏みきった。が、不運にもその二か月後に、彼は六十五歳でこの世を去る。精力のすべてを使い果たしたためだったのだろう。

ところが、新しく仏教徒に改宗した彼の後継者たちは、彼らを包囲するヒンドゥー教＝

カースト社会によって「新仏教徒《ネオ・ブディスト》」の名で呼ばれるようになった。それは皮肉なことに、カースト社会から逸脱したグループとみなされ、もう一つの不可触民階層をきわだたせる蔑称、すなわち差別の指標とみなされるようになったのだ。平等思想のよりどころとされた仏教が、逆にヒンドゥー教＝カースト社会の胎内にとりこまれ、社会的不平等の足枷にしばられる事態を招いたのである。現在約一千万人ともいわれる「新仏教徒」は、あらたないばらの道をすすまなければならなくなった。

現代インドは、その苛酷な試練にこれからも耐えつづけなければならないのか。それともその新しい運動の中から、ふたたびブッダの教えが初期のみずみずしい姿をよみがえらせるのだろうか。ガンディーの非暴力路線を継承する形で再生を果たすのか、あるいはアンベードカルを受けつぐカースト廃棄の闘争の中から新しい転機をつかむのか、想像するだに気の遠くなるような重い課題がインドの前方には横たわっているのである。

改革者アンベードカルの後に

このようにインドの現実は今なお、壮絶な矛盾と混沌の中にあり、その解決の目鼻がほとんどつかないジレンマに陥っている。インドを訪れればわかることだが、その姿がいやでも見えてくる。

それだけではない。そのインド的現実の躓きと試練が同時に、われわれ自身の内部に潜在する差別、不平等、非人間性を想起させずにはおかないのである。インドの、常識を超えた凄さ、といっていいだろう。それははたしてインド社会だけの問題なのか、という問いを即座に突きつけてくるからだ。そう省みるとき、インドのカースト社会はまた、現代日本におけるわれわれ自身の病巣を照射する、深みをたたえた鏡に変ずるのである。

インドは、まさに「精神の輸出国」といえるのではないだろうか。仏教を創始したブッダの不殺生、その思想を現代に受けついだガンディーの非暴力、そしてその非暴力の限界と欺瞞性に鋭い刃《やいば》を立てたアンベードカルのカースト批判……と数えあげていくだけで、そのことがわかる。

それだけではない。その思想や運動の発信基地、すなわち精神の輸出国の磁場へと吸いよせられるようにインドに住みついたあのマザー・テレサ（一九一〇—九七）の救済運動を、そこに重ねあわせてもいいだろう。あるいは、ガンディーの非暴力を太平洋を越えて受けついだアメリカのマーティン・ルーサー・キング牧師（一九二九―六八）がいる。彼は黒人解放のため公民権運動を指導したが、やがてガンディーのように暗殺された。

もう一つつけくわえておいてよいことがある。アンベードカルの不可触民撤廃の理念は、のちになって、アンタッチャブルをはじめとする後進諸階層への教育・議席・雇用における留保制度（特別優遇措置）を生んだということだ。このような考え方はアメリカにおいても独自の展開をみせ、たとえばアファーマティヴ・アクションという立法措置を生みだしている。

アファーマティヴ・アクションとは、公民権運動が曲折を経たあと、七〇年代に入ってからつくられた、女性や被差別少数民族に対する進学・雇用・昇格・ビジネス契約推進の優遇措置のことだ。

ガンディーが展開した非暴力解放闘争が、一方でアンベードカルのようなカースト反対派を生みだし、他方国外ではルーサー・キングの運動を介してアファーマティヴ・アクションのような社会改革を実現させたことは、はなはだ興味あることといわなければならない。

そのように考えてくるとき、さきに記したようにインドが精神の輸出国であるということがますます明らかになるであろう。われわれの経済大国日本がこれまでもっぱらモノの輸出国として振舞ってきたこと、そのために精神的退廃の中にドップリつかりきってしまったことを顧みるとき、インドの不可触民がおかれている苛烈な現状を知ることは、今日のわれわれにとって緊急の課題ではないだろうか。

われわれは今、林住期の中で

この日本列島に、はたしてブッダはいるのか。

そういう問いを発してこの章を書きついできた。今われわれの日本列島は「親捨て子捨て」の深刻な状況にあえぎはじめている。どうしてそういうことになったのか。どのようにしたら、われわれはその悲劇的な状況から脱出することができるのか。

それが、そもそも本書を構想した根本の動機だった。そしてあたかもマラソン・レースのような思考実験をくりかえし、最後のこの章において、「日本にブッダはいるのか」と問うてみたのである。その問いに何とか答えようとして、ブッダや彼の弟子たちが歩んだ道程《みちのり》をあらためて点検しなおし、問題解決の糸口を見つけだそうとしたのだ。

その紆余《うよ》曲折の過程で私は、ブッダの教えにつらなる開祖たちや祖師たちの人生を注視することになった。そして、たった一人で野を行き山を歩く聖たちの人生が、今あらためて問われる時代がやってきている、と思わないわけにはいかなかったのである。

彼らの多くはこれまで教団という枠組みの中で伝説化され、神話化されてきた。あまりに美しく語られてきた。目をあざむくまでに荘厳に飾られた殿堂の中に祀りあげられてきた。しかしながらよくよく観察してみると、このように伝説化され神話化された開祖や祖師たちからは、われわれの心を躍動させるような、生き生きした表情が喪《うしな》われていたのである。

そんなとき、ふたたび天の声が聞こえてきた。

彼らの生き生きした姿をわれわれの眼前によみがえらせよ、——

今こそあらためて、ブッダの生涯の内面を問え、——

この親捨て子捨ての時代に生き悩んで右往左往しているうちに、いつのまにか聞こえてきた天の声だ。いや、その天の声を唯一の導きの星として、私はここまで書きついできたのかもしれない。

　われわれは今、おそらく林住期を生きているのであろう。われわれ自身の内心と周囲の社会状況を観察するとき、ますますそう思わないわけにはいかない。二千五百年前、ブッダが家出したときの光景が、われわれの現実世界を映しだす鏡になっているといってもいい。妻子を捨て、家を捨て、共同体を捨てて、一人で遍歴放浪の旅に出ようとしているブッダの寂しげな姿が、そこに重なって見えている。

　これから林住期の世界に出ていこうとしている孤独な修行者のシルエットだ。身近にあるものを捨てようとはしているけれども、いまだその目標をつかみかねている、一種の精神の猶予期間、──それが林住期的な生き方だった。前に進むか、後退するか、その決断を迫られているライフステージである。

　もう一度いおう。われわれは今、その林住期を生きているのではないだろうか。問題はそのライフステージをどのようにしのいで生きていくかということだ。どのような目標に向かって歩いていくか、ということだ。

　あらためてふり返るとき、世界にもわれわれの周辺にも、災害や戦乱によって親を喪った子どもたちが数かぎりなく生みだされている。このような子どもたちが、これからさき希望の光になるのか、それとも絶望のシンボルになるのか、それが本書を構想したときの、私のテーマの一つであった。そのような次世代の子どもたちの運命を決するのもまた、もしかするとわれわれがこの困難な林住期的な時代をどう生き抜いていくか、その決断と結果にかかっているのではないだろうか。

ブッダの人生が切実な重みをもってわれわれの眼前に立ちあらわれてきているのである。そのことをどのように受けとめ、どのように生きていくか、今あらためて問われているのではないだろうか。

耳を澄ましてみよう、ブッダの声が聞こえてくる。気の遠くなるような時間と空間をとびこえて、ブッダの言葉が天上から聞こえてくる。

「足《た》ることを知り、わずかの食物で暮し、雑務少く、生活もまた簡素であり、諸々の感官が静まり、聡明で、高ぶることなく、諸々の(ひとの)家で貪《むさぼ》ることがない。」

(スッタニパータ・一―一四四、中村元訳『ブッダのことば』)

「ひとり坐し、ひとり臥《ふ》し、ひとり歩み、なおざりになることなく、わが身をととのえて、林のなかでひとり楽しめ。」

（ダンマパダ・二一一―三〇五、中村元訳『ブッダの真理のことば　感興のことば』）

あとがき

私の京都生活も、もう十八年を超えてしまった。あっという間の十八年だったような気がする。京都を起点として旅に出たり、旅から帰ってきたりの十八年だった。

旅先から新幹線に乗って京都が近づいてくると、まず京都タワーの白い、細い塔が視界に入ってくる。夜など桃色に輝いている。そして、柳腰の色気をたたえている。眼を転ずると、東寺の黒ずんだ五重塔も見えてくる。こちらのほうは歴史のかなたから静かに上半身をもたげてくるような感じである。この五重塔と、さきの京都タワーが新装なった京都駅をはさんで、黒と白の見事なコントラストを見せて、空に浮かんでいる光景である。

千年の都を象徴する塔と、戦後の灯台をイメージさせるタワーが、仲よく連れ立っている。考えてみれば、京都はいつでもこのように伝統と革新を共存させてきたし、それがこの地における都市形成の原点をなしてきた。

タワーにのぼって見渡せば、豊かな山脈《やまなみ》がどこまでもつづき、視線を下ろせば、路地小路に無数のカミやホトケが祀られているのである。

けれども、不思議なことに、どうしたわけかその白い塔にも黒い塔にも、ブッダその人が立つ影を私は実感したことがなかった。ブッダその人の発する声をそこで聞いたことがなかったのである。

京都に住んでいるのであるから、私もときどき名庭園と称する場所に行く。その多くがお寺の庭である。竜安寺や苔寺などだ。金閣寺や銀閣寺の場合もある。本願寺にも名園が残されている。観光にやってきた友人や知人たちとよく行く。外国からはるばるやってきた人びととも連れ立って行く。

面白いことに、このごろ人の流れが変化を見せはじめたようだ。いつごろからか、そのことにあらためて気がついた。人びとは、お堂の薄くらがりを行くときは黙々と、つまらなさそうに歩いている。本尊に向かって拝むものなど、まずいない。博物館の中を行く人の群れのようだ。ところがそこを抜けでて縁に出ていくと、彼らの振舞いににわかに微妙な変化の徴候があらわれる。その流れが、堂内の襖や障子で仕切られた一線を踏みこえて廊下に向かってあふれでるとき、人の動きに不思議なリズムが生じる。縁側に出て、前景に広がる庭が眼前に迫って見えてきたとき、流れそのものが突然のように生気を取りもどして、ゆったりと淀みはじめる。足をとめる者がいる。うずくまる者がいる。じっとたたずむ者があらわれる。

人の流れが停滞し、逆流し、渦を巻きはじめるといってもいい。停滞が単なる停滞でなく個性化の動きを示しはじめ、流れの淀みがてんでんばらばらに自己を主張しはじめるのである。

それが老若を問わない。日本人、外国人の別を問わない。うずくまったまま、身動きもせずに庭の奥に視線をそそいでいる。物思いにふけりはじめる。ただ呆然としているようなものもいる。そんな逆流と停滞の中で、三十分がたち、一時間が過ぎていく。

阿弥陀如来や釈迦如来は、もうお堂の中にはおいでにならないのかもしれない。ブッダをはじめとして、観音菩薩や不動明王や地蔵菩薩も、もはや伽藍の内部にはおられないのかもしれない。薄暗い、狭い空間の中では身じろぎもままならぬ、息苦しいだけだ、とお感じになっているかのようだ。それで仏・菩薩たちは、今やそのような閉ざされた伽藍やお堂の中から脱出して、広々とした庭のほうに移動されているのだろう。庭の奥に身を隠し、自然の大気に全身をひたして喜びの声をあげているのである。もしかして、その庭のかなたにブッダも鎮座ましましているのかもしれない、とふと思う。

人びとの流れは、その仏・菩薩たちの声を庭の中に聞き、その庭をとりまいて広がる大自然の中に、ブッダの気配を感じはじめているのではないだろうか。

今日、ブッダは庭の奥に静かに坐しておいでなのかもしれない。庭の後方に隠れ、庭のかなたからわれわれの生活を見守っておられるのかもしれない。そう思うようになったのである。

ここで特筆しなければならないのが、今日の少子高齢化社会における深刻な状況である。いつのまにか平均寿命八十歳を迎えた時代の危機意識、といってもいい。五十代、六十代の定年のあと、われわれはさらに二十年、三十年を生きのびることになった。

考えようによっては、第二の人生、第三の人生が否応なく前方に待っている。しかもその二十年、三十年の引きのばされた時期に、老と病と死がゆっくりやってくる。緩慢な足取りでやってくる老、病、死の訪れをじっと見つめて生きていかなければならない。

ブッダ八十年の生涯が、急激に不思議な光を帯びてよみがえってきたのである。生、老、病、死のブッダの教えが、これまでのカビの生えたような古典の塵をはらってすくいあげられ、われわれの面前につきつけられるようになったのだ。

このところ『ブッダのことば』（岩波文庫）が中村元さんの訳で、よく読まれているという。本書でも、その珠玉の「ことば」をいくつか引用させてもらった。

また、本書の重要テーマであるラーフラの出生をめぐる諸問題については、並川孝儀さんの『ゴータマ・ブッダ考』（大蔵出版、二〇〇五年）から多くのことを教えられた。その詳細な考証は、ブッダの人間的な苦悩の源泉に近づくうえで、大変参考になったことを記して、感謝の気持をあらわしたい。

最後に書きとめておかなければならない。本書を、ともかくもこのような形でまとめあげることができたのは、ひとえに船曳由美さんによる絶えざる励ましがあったからである。

そのことにまず感謝申しあげたい。また乱雑だった私の素原稿を整理し、困難な編集作業を進めていくうえでは、新書編集長の椛島良介さんと、笠松敦子さんから懇切なご尽力とご教示をいただき、それがとてもありがたかった。

素晴らしいブッダの写真で本書を飾ることができたのは、大村次郷さんのいつも変わらぬご厚意によるものだった。あわせて心からお礼を申しあげる。

二〇〇六年六月

山折哲雄

引用文献

中村元訳『ブッダの真理のことば　感興のことば』岩波文庫、一九七八年
中村元訳『ブッダ最後の旅』岩波文庫、一九八〇年
中村元訳『ブッダのことば』岩波文庫、一九八四年
中村元訳『ブッダ　神々との対話』岩波文庫、一九八六年
中村元訳『ブッダ　悪魔との対話』岩波文庫、一九八六年
『中村元選集〔決定版〕』第十一巻「ゴータマ・ブッダⅠ―原始仏教Ⅰ」春秋社、一九九二年

山折哲雄（やまおり てつお）

一九三一年生まれ。岩手県出身。東北大学文学部卒業。東北大学文学部助教授、国立歴史民俗博物館教授、国際日本文化研究センター教授・所長を経て同名誉教授。専門は宗教史、思想史。著書に『ブッダの教え』（写真・大村次郷、集英社）、『死の民俗学』（岩波書店）、『仏教とは何か』（中公新書）、『道元』（清水書院）、『日本人の霊魂観』（河出書房新社）など多数。

ブッダは、なぜ子《こ》を捨《す》てたか

集英社新書〇三五一C

二〇〇六年七月一九日　第一刷発行

著者……山折哲雄《やまおりてつお》

発行者……藤井健二

発行所……株式会社集英社

東京都千代田区一ツ橋二-五-一〇　郵便番号一〇一-八〇五〇

電話　〇三-三二三〇-六三九一（編集部）
〇三-三二三〇-六三九三（販売部）
〇三-三二三〇-六〇八〇（読者係）

装幀……原　研哉

印刷所……大日本印刷株式会社　凸版印刷株式会社

製本所……加藤製本株式会社

定価はカバーに表示してあります。

ISBN 4-08-720351-4 C0214

Printed in Japan